周易文化讲论

刘大钧 主编

易学简史

胡士颖 著

生活·讀書·新知 三联书店

图书在版编目(CIP)数据

易学简史／胡士颖著．—北京：生活·读书·新知三联书店，2018.5
（周易文化讲论）

ISBN 978-7-108-06166-9

Ⅰ．①易…　Ⅱ．①胡…　Ⅲ．①《周易》-研究
Ⅳ．①B221.5

中国版本图书馆 CIP 数据核字(2018)第 015935 号

责任编辑　杨柳青
封面设计　刘　俊
责任印制　黄雪明
出版发行　生活·讀書·新知　三联书店
（北京市东城区美术馆东街 22 号）
邮　　编　100010
印　　刷　四川省南方印务有限公司
排　　版　成都勤慧彩色制版印务有限公司
版　　次　2018 年 5 月第 1 版
2018 年 5 月第 1 次印刷
开　　本　185 毫米×130 毫米　1/32　印张　7
字　　数　89 千字
定　　价　27.00 元

总　序

一百余年前，以天朝自诩的清朝政府，经鸦片战争至甲午海战，每战必败，接之而来的是割地赔款，签订不平等条约。面对国运多舛、国人受侮，当时先进的知识分子在激愤之下，错误地将矛头对准以儒家为核心的中国传统文化，一时极尽羞辱之能事。如时人吴稚晖提出要把“国故”丢到“茅厕”里，而钱玄同等一众学者要求全面废除汉字。如此种种，千年“斯文”此时似乎真要“扫地”矣。且此种批判风气蔓延至学术研究领域，学者治学也多受此情绪影响，因而失去作为学者对学术研究的客观与公正的态度。以

《周易》为例，为否定孔子与《周易》的关系，对《论语》中孔子“加我数年，五十以学《易》，可以无大过矣”一语，利用《鲁论》之“易”为“亦”字，改句读为“加我数年，五十以学，亦可以无大过矣”，证明孔子与《易》根本没有关系。为证明《周易》晚出，宣称《左传》中的占筮资料是刘歆割裂《师春》插入其中的伪作。20世纪40年代，更有人注疏《周易》经文，对《周易》经文中六十四卦前所标注的六十四卦卦象，对《易传》所云“易者，象也；象也者，像也”等有关易象的重要论述，皆全然不理。在不做任何学理论证的情况下，将由春秋战国延续至两汉魏晋的象数易学研究成果全部弃之不用，而纯以文字训诂解《易》。因为此种解释离开了“观象系辞”的宗旨，且古时字少，一字可与多字通假，因而使其训诂之解变成了一根“点石成金”的魔术棒，如解《易》之“亢龙有悔”为“沆龙有悔”，解“有孚惠心”之“孚”为俘虏等。此种论说早已不是平和客观的研究，更兼之对《周易》

经文常以己意随便改动。古人著书是为存史，今人却如此迂曲以否定之，真可谓“尽不信书则不如无书”也。这些以反传统自居的人，固然以激昂的斗志示人，但其内心，却是作为中国人面对积贫积弱现实的深深的文化自卑。也正是这种文化自卑心理，使当时顶尖级的学者不敢确认中国文化的长度和高度，弃典籍而“疑古过勇”。新文化运动对现代中国的文化转型虽然起到了积极的作用，但在约一个多甲子的时间里，传统文化还是受到很大冲击，尤其是经学研究，多被贴上负面标签，处于文化边缘。

《易传·序卦》曰：“物不可以终尽剥，穷上反下，故受之以复。”万事万物在最低潮之时，往往孕育着崛起的曙光。在20世纪最后三十年，传统文化终于迎来了其否泰运转之数。20世纪70年代前后，随着“亚洲四小龙”的崛起，部分国人发现由儒家文化传统一样能开发出现代文明，实现富国强兵。因而由70年代末至80年代，中国传统文化开始复兴，学者们重新认识与评价孔子，开辟学术园地，研究传统经典，在“果行育德”中宣讲中国传统文化。当此“屯起”之时，参与其中的学者们多有“致命遂志”之信念，怀着对传统文化的自觉与自信，承担起学人们的历史使命。在“君子以经纶”的求索中，逐渐有了中国传统文化全面复兴的良好形势。到90年代，随着学术队伍的壮大、民间人士的响应，传统文化的发展成为一种潮流，从20世纪初至六七十年代，一直被不屑、被轻视、被批判的古老“国学”竟重新“流行”！其实，传统文化复兴的根本原因，还是随着改革开放而形成的经济发展与国运昌盛。中华民族在崛起中汲取了传统文化的德性营养，进而随着国力的全面提升，民族自信和文化自信亦一步步恢复，人们对“疑古过勇”者的批判愈加明确，也愈加要求优秀传统文化参与国家和民族的崛起，实现文化层面的民族自信。故近年来传统文化重新走向庙堂，并成为中国特色社会主义文化的源泉，成为中国文化自信的根基。

历经百余年的波折，现在我们对于传统文化，已经有了比较成熟的态度。一方面，传统文化决不可丢弃，而应努力弘扬。《易·贲卦·彖传》云："观乎天文，以察时变；观乎人文，以化成天下。"文化与天下相系，何其重要！而现代文明体系中的民族与国家，也都是以各自文化为根本标志，传统文化是一个国家与民族的灵魂。若我们当真"全盘西化"，抛弃传统，则何以能名为"中国人"与"中华民族"？民国初年部分人的文化自卑心态，其根本原因是出于知识分子对国家贫弱的痛心与激愤，但历史的发展已经澄清，贫弱或富强绝不能简单地与中西文化之优劣画等号。因此，我们应怀着骄傲，确立我们的民族文化自信，更加努力地传承与弘扬优秀传统文化，以助力国家的全面复兴与强大。另一方面，承继传统文化绝不意味着固守。全然守旧的老路是走不通的，对传统文化要进行深入的研究，批判剔除其中的消极内容；同时应着眼现代文明，结合当前现实，努力由"旧识"开出"新知"。《诗·大雅·文王》云："周虽旧邦，其命维新。"冯友兰先生尝引之以期许国家的前途，而此亦是我们对中国传统文化的期许。在传统文化中，《周易》兼有源头与总括的性质。《周易》是中国最古老的典籍之一，它极天地之渊蕴，究人事之终始，开中国文化之源，影响了先秦诸子与历代学术思想。《周易》又是中国文化的最高典籍，两汉时为群经之首，魏晋时为三玄之冠，宋明时为理学之基；迄于近代，亦是中国学术转型的重要根据。近代著名学者，如熊十力、马一浮等先生，俱以大易为最高旨归，而致力于开辟当代新学。《周易》还关涉中国古代的一切文化现象，正如《四库全书总目提要》所总结的："易道广大，无所不包，旁及天文、地理、乐律、兵法、韵学、算术，以逮方外之炉火，皆可援易以为说。"更为突出的是，《周易》文化在海外有很大的影响，如莱布尼茨、荣格等西方学者胥受《易》之影响进而推崇《周易》，而韩国则径取太极八卦之象作为国旗。一言以蔽之，《周易》是中国优秀传统文化中的璀璨代表，在世界文化中占有重要地位，自古至今都有其独特的魅力与重要的影响，我们应下大力气继承与弘扬。

“周易文化讲论”丛书的策划，是受国家汉办前主任许琳的嘱托，她说：一门学问的研究，深入不容易，浅出往往更难，你们能不能用当代人的视角，以显明易懂的文字，对《周易》中当前人们关注的基本精神和核心内容，向读者做一个介绍？为此，经反复讨论，我们既着眼于《周易》文化的传承与弘扬，又针对当下之文化关切，选取了十个主题对《周易》文化进行讲解。“周易文化讲论”丛书包括了三个部分的内容：

第一，总论一讲。“《周易》与中国文化”一题中，作者系统梳理了《周易》的基本精神、核心内容与主要特质；并由《易》与儒释道的关系，确认《周易》在中国传统文化中的重要地位。另外，作者又从中国文化的总体视野入手，简明扼要地介绍了《易》与中医、气功、天文气象、风水术、音乐、兵学、音韵学、数学、炼丹术等传统文化的密切关系，展现了《周易》的文化广度。

由此总论一讲，读者可了解《周易》文化的整体样貌，更可管窥《周易》作为大道之源，对中国传统文化各领域无所不包的全面影响。

第二，跨文化领域五讲。我们选取近年来人们关心的五个主题，以不同文化领域之视角，详说易道之流行。“《周易》与养生”一题中，作者分析了《周易》阴阳、气论、感通等思想对中国养生学的重要影响；并以气功等实际功法为例，具体展现了两者之间的深刻联系。更为重要的是，作者于最后一章论《周易》与哲理养生，根据《周易》中的快乐主义、诗意生活、道德修养等，提出由生命境界的提升、由养神来养生的观点。结合现实来看，随着生活水平提高、人口老龄化加速，当前养生越来越受到国人的重视，运动、食疗等养生方法非常流行；但养生不仅是养身，更是养心、养神，人们往往不太重视生命境界的提升。故本讲所论，哲理养生是中国养生学的根本特色所在，是最重要的养生方法，实极有现实意义。“易学与中国建筑”一题中，作者由中国古代的城市兴建、宫殿建设、礼制建筑、民间建筑、宗教建筑等五种建筑类型，图文并茂地举例，探讨了其中所应用的《周易》之象、数、理等内容。书中所举之例，既包括隋代大兴城、唐代洛阳明堂等仅载于古书的建筑，又有新疆特克斯八卦城、北京故宫等仍保存完好的建筑。通过本书，读者可由《易》之视野，领略到这些建筑不同的魅力。另外，《周易》所论三才之道、天人合一等思维，在当今世界范围内均突显出其价值。故现代建筑学中，也越来越重视以《周易》为代表的传统文化理念。可以预见，《周易》与中国建筑的联系在未来将会更加密切。“《周易》与儒学”一题中，作者详细考辨了孔子读《易》、赞《易》之事；勾勒了儒学与《周易》两者之间相互影响、相辅相成、交相辉映，最后融为一体的历程；同时爬梳了孟子以降的历代儒学与易学之源流。“《周易》与中国文学”一题中，作者首先确认《周易》经传的文学性，确认《周易》本身就是一部优秀的先秦文学作品；进而从文学创作出发，梳理历代文学作品中对《周易》的广泛引用；又从文学批评出发，分析了《周易》哲学对中国文学理论的深刻影响。值得一提的是，作者在当代文学部分，用了相当篇幅介绍金庸武侠小说与《易》的关系。对金庸所用到的武功名称、招式名称、武术思想等，进行了较为细致的分析，揭示了其背后的易学理论。通过对当代流行元素的关切，极大增强了全书的可读性与趣味性。读史释《易》，向来是一个讲《易》的传统命题。“《周易》与史学”一题中，作者一方面由《易》观史，梳理《周易》经传中的历史故事与社会史资料，分析《周易》哲学对中国史学的影响；一方面由史观《易》，梳理史书中的易学资料与易学家，并举例探讨了历代史学大家的史学与易学思想。按易学与史学，自古至今联系密切：在古代突出表现为“以史治易”，古人常常用历史故事来注解《周易》，以参证《易》之思想，故有史事宗之易学；在近现代则突出表现为以《易》治史，一批学者受新史学影响，鼓吹“六经皆史料”，热束于在《周易》经传中考察古代历史故事与社会史资料，取得了一些成绩。读者通过本书，当可大体了解史学与易学的深厚渊源。

第三，《周易》文化自身四讲。我们选取四个主题，由不同角度，详说《周易》文化自身的丰富内涵。“《周易》智慧”一题中，作者从具体卦爻出发，深入卦爻所象征的宇宙时空之具体情境，揭示个体生命在不同“时”中当效法取用的处世智慧。通过本讲，读者一方面可了解践行这些处世智慧，一方面可学习《周易》经传的解读方法。更为重要的是，作者针对人人皆身处祸福的考验与纠缠之中、关注命运而祈福避祸的现实，撰“吉凶之间求福避祸”一章，介绍《周易》预测吉凶悔吝、指导趋吉避凶的方法，介绍中国古代理性务实、不信仰鬼神的选择，介绍孔子阐发易理、观《周易》德义之道的方向。现实社会中，人们的生活节奏很快，经常身处多种选择、祸福不定的境遇之中，故而热切地希望管窥自己的命运。作者此章所介绍求福避祸、德义之道等关于命运的智慧，对读者思考命运问题、提升自我的生活质量，当有启发意义。“《周易》与人和之道”一题中，作者针对“和谐”的时代主题，由《同人》《睽》两卦，阐发《周易》所揭示的人际和谐之理想和原则；进而由具体的夫妇、父子、朋友、上下之关系入手，阐发《周易》中的和谐智慧。作者尤其详细考察了《周易》关于君民和谐的论述，深度发掘其中的民本思想，颇有新意，且对政治实践有一定的借鉴意义。“《周易》的思维方式”一题中，作者以现代文明与中西比较之视域，贯通《周易》经传，探讨《周易》中的思维方式：从内容上讲，有阴阳和谐、广业利世、应时鼎革等思维；从形式上讲，有形象、运数、直觉、逻辑、辩证等思维。通过“思维”这一当代学术的角度，展现了《周易》文化的鲜明特征和独特魅力，也展现出中国文化的特色。其中，作者探讨广业利世之思维，认为《周易》德与业并提、义与利并重，推崇“修业”“广业”“大业”，主张“利者，义之和”“利物足以和义”。

这对于我们纠正易学史中对广业利世的轻视，全面了解易学思想有一定的价值。“易学简史”一题中，作者以古代易学发展历史为主要线索，对各时期易学的主要派别、人物、学说进行介绍，勾勒出了易学发展的基本轮廓和大致格局。此讲可为读者阅读本套丛书，提供必要的易学基础。总之，《系辞传》赞易“广矣大矣”，由以上十题涉及之内容，亦可见一斑也。

鄙人认为，“周易文化讲论”丛书整体而言有以下几点特色：其一，多能本于新资料，介绍学术前沿，以匡正前人之偏失。如前文提到民国以来否定孔子与《易》之关系的疑古学说影响甚大，故“周易文化讲论”丛书在多处介绍了学界对于孔子与《易》关系问题的新结论。马王堆帛书《易传》的出土为此问题提供了极为珍贵的资料，其《要》篇载有孔子读《易》“居则在席，行则在橐”的情状，显然孔子不可能与《易》无关。在帛书《易传》中，孔子对自己的易学思想有充分的自觉，强调其真正重视的是“观其德义”的道德之途，而与史巫不同；孔子“德义”之途的思想，正与《易传》的主旨一致，故学界多确认《易传》是“孔子及其后学阐释和发挥《周易》古经而成”。这些材料与结论，可直接廓清民国以来否认孔子读《易》赞《易》的疑古风气，对于我们追溯文化脉络、挺立文化自信至关重要。其二，由现代文明之视域，尝试赋予《周易》文化以契合当下现实的解说。如丛书中反复论说《周易》中“德”之重要性，尤其由《中孚》卦、由孚信之义，可见《周易》对为人处世中“诚信”道德的重视。“周易文化讲论”丛书对传统易理的这一解释与强调，实有重要现实意义：市场经济是现代文明的重要特征，改革开放后，在商品经济浪潮中，不少人功利心太过，唯利是图，完全丢掉了诚信观念，丢掉了道德意识，甚至不惜违法。圣人云“君子忧道不忧贫”，真正的君子先存道后谋利，但在我们周围，这样的君子实在太少！我们热切希望读者中能有更多诚信守道之君子，从而扭转当下偏失的社会风气。其三，作为面向大众的文化读物，“周易文化讲论”丛书注意行文之通俗，避免艰涩深奥之辞，以适合文化的普及功用。

总之，本套“周易文化讲论”丛书兼备前沿性、时代性、通俗性等特点，我们希冀其在《周易》与中国传统文化的继承与弘扬方面，能发挥出一定价值。因为《周易》一书中包含的深奥易理和精微哲思，使其成为一部“书不尽言，言不尽意”之书，因而它凭借八卦与六十四卦卦象，“立象以尽意，设卦以尽情伪”。我们这套丛书所展示的，只是近三十余年来人们从现代文化的视角出发，贯通、探讨的《周易》经传中的人生智慧与思维方式。相信再过三十年，乃至一百年、二百年，随着我们生活内容的日益丰富与文化境界的不断提高，人们在岁月的流逝中将通过各种外显的八卦符号与内应的五行生克机理，寻求认识世界与把握世界的新方式。因而，《周易》将成为人们认识与改造世界、丰富自身文化发展的永恒研究母题与研究主题。而类似今日我们阐释

《周易》的这种丛书，今后将被一代又一代的后人不断推出，从而成为人们不断总结过去、改变现在、瞻视未来的创新动力。

本序之作，恰逢党的十九大胜利召开。十九大报告对文化非常重视，提出要“增强文化自信”“文化自信是一个国家、一个民族发展中更基本、更深沉、更持久的力量”，要“推动中华优秀传统文化创造性转化、创新性发展”。我们当初设计这套丛书的想法，正响应了十九大报告的新思维，这使我们甚感欣慰，故略呈拙文如上，是以为序。

刘大钧

丁酉年小雪于运乾书斋

目　　录

绪　论

《易》文化在中国源远流长，见载于古代典籍的最早《易》书有三种，即《连山》《归藏》和《周易》。《周易》是其中流传后世最完整、影响最显著的。现代意义上的《周易》，包括《周易》古经和《易传》两个部分。《周易》古经古时常称为《易》或《周易》《易经》，由六十四卦的卦爻符号及其卦辞、爻辞组成。《易传》是指注解、阐发《周易》古经的《彖》（上篇、下篇）、《象》（上篇、下篇）、《文言》、《系辞》（上篇、下篇）、《说卦》、《序卦》、《杂卦》等十篇。因为它们起到辅助阐释《周易》古经的作用，故而古人又称之为“十翼”。

《周易》本为理蕴深邃的卜筮之书，经过长达几千年连续不断的传承、研究、阐发与应用，成为一本极为独特的经典、一门洁静精微的学问——易学。《周易》影响到中国历史的方方面面，演绎出无所不包的易学文化，因而被公认为中华文化的活水源头之一。

从狭义的角度来说，易学一般被认为是儒家经学的一部分。两汉时期，它与《诗》《书》《礼》《春秋》之学并列，并被官方定位为经学典籍之首。汉代之后，以五经为基础，儒家经学经典逐渐增广，到南宋时期汇聚受尊崇的十三种经书列为“十三经”，即《周易》《尚书》《诗经》《周礼》《仪礼》《礼记》《左传》《公羊传》《穀梁传》《孝经》《论语》《尔雅》《孟子》。《周易》在儒家经学典籍中长期处于核心、首要的地位。易学主体形态有两种，一是对《周易》经传文本的注释，一是对易理和易学史的阐释与应用。此外，从中国古典学术传统的整体而言，除了儒家以外的学派，如道家、道教、佛教等等，亦颇重易学，且著述数量、价值与影响不可忽视，这些研究被以《四库全书》为代表的清代官学划归为经学、子学、方技、术数等门类。

广义而言，易学是包括对《周易》之形成过程、文本演变、历史嬗变、现实应用等为内容的全面、整体的研究，其历史跨度之大、内容涵盖之广、影响波及之深，极难用语言予以精确界定、定义。从现代易学的研究状况，可以发现目前各个学科都与易学有着千丝万缕的关系，人文学科如哲学、宗教、历史、文学、美学、艺术等，社会科学如政治、经济、军事、社会学、人类学等，自然与工程科学如数学、物理学、化学、天文学、生物学、医学、建筑学等，其他如预测学、未来学等。易学在各个学科研究中都有所涉及，仿佛是一个学术万花筒。从时空传播的角度，易学历史从远古传说时期延续到当下，从中华文化核心区域传播至世界各地，显示出极为强大的文化、思想活力。因此，除中国古典学术的易学研究外，易学在现当代获取了许多新的学术资源、理解角度与研究深度的同时，极大地丰富了自身的内容。

本书将以中国古代易学发展历史为主要线索，对其中的主要人物、学说及传承关系予以重点介绍，同时兼顾相关背景、研究状况、学术形态等，力求做到内容集中、主题突出、线索清晰，为读者勾勒出易学发展的历史轮廓。

第一章　先秦易学

一、《连山》与《归藏》

易学起源极为久远，通过现有历史材料可以追溯到远古、上古时期，但难以断定其具体时间。据中国上古传说，伏羲通过对天文、地理、人、物的观察和体知，发明出可以代表万物情态和贯通宇宙法则的八卦，即乾（☰）、坤（☷）、震（☳）、巽（☴）、坎（☵）、离（☲）、艮（☶）、

伏羲画像

兑（☱）。其后的神农氏、黄帝、尧、舜等人又进一步在三画的八卦基础上发展到六十四个六画卦，并进一步把它们运用到政治、军事以及生产、生活之中，取得了天下大治的成就。

继舜而后的是大禹，大禹的儿子启建立起中国历史上的夏朝。史书记载，夏朝使用的是早期三种《易》书中的《连山》，但该书的具体内容和产生过程均难以查考。从汉代桓谭、郑玄等人透露出的若干信息可知，该书有八经卦和六十四卦，作为卜筮之用。西汉国家藏书处尚存此书。但因历史久远，是书很早就佚失，故后人就《连山》之有无、内容、形式、占筮等均有疑问与争论，遂成学术史一大疑案。

以汤为领导的殷商打败了夏朝，建立了历史悠久、文化灿烂的殷商王朝。据史书载，《归藏》是商朝所使用的一种卜筮之书。历史文献资料对《归藏》的记载较《连山》稍多，直到隋唐时期，还有人对此书加以注释。近期出土的湖北江陵县王家台秦简的内容也部分确证了传本《归藏》的真实性与史书记录的可靠性。据传世文献与出土资料，《归藏》大约有四千三百言，有八经卦、六十四卦等名称。与《连山》相比，可以确知《归藏》已有相应的卦辞系统，记录了穆天子卜出师、夏启筮梦、嫦娥吃不死药以奔月等。《归藏》的存在，说明在《周易》之外确实存在类似且时代更早的卜筮之书，其内容与结构和后来周代产生的《周易》有着多方面的联系，涉及上古乃至远古时期的社会、历史、神话以及先民的信仰等等，但具体的占法与《周易》有许多不同。由于时间久远以及文献传播情况复杂不明，我们已经难以知道商代《归藏》的原始面貌。

周朝的卜筮系统中，有专门的官员掌管“三易”（《连山》《归藏》《周易》）之法，也说明这三种书在内容、形式与结构上有比较多的联系，性质上有一致的地方，应用上也有并立、互补的效果。

二、《周易》古经源起

对于考古发现中与易占相关的刻画、文辞材料，学者们使用“数字卦”的概念，说明《易》形成早期的形态与过程，但这一看法仍有待进一步考证、验证。

周文王

史书上普遍把《周易》的产生归功于周王朝的奠基人周文王。周文王姓姬名昌，商纣王时期被封为西伯侯，建邦于岐山。文王当政时期，能够积善累德、敬老慈少、礼贤下士，受到百姓的爱戴和周围诸侯小国的拥护。由于周族的兴盛对商朝中央政府形成威胁，商纣王在羑里拘囚文王。在被拘禁之时，文王继承、整理和推演了八卦、六十四卦、卦辞等诸多内容，对当时易说做了进一步的研究和提升，史称文王“演易”。文王所作文辞在他的儿子周公那里得到进一步增补、整理而成为《周易》古经(当时称为《周易》或《易》)。

以早期的历史资料证之于考古文献，可知《周易》的起源、形成与人们的卜筮、宗教、政治、生产与生活等各种活动都有着广泛而密切的联系；蕴含着先民经过漫长历史时期反复实践、积累与甄选的认知；融入了他们对生活世界与宇宙奥妙的观察、理解与思考。经此熔铸，该书具有无尽意蕴，必然成其为一部旷世经典。

从现今传世本《周易》古经来看，其内容由六十四卦构成，卦名与卦画分别是：

乾	坤	屯	蒙	需	讼
䷀	䷁	䷂	䷃	䷄	䷅
师	比	小畜	履	泰	否
䷆	䷇	䷈	䷉	䷊	䷋
同人	大有	谦	豫	随	蛊
䷌	䷍	䷎	䷏	䷐	䷑
临	观	噬嗑	贲	剥	复
䷒	䷓	䷔	䷕	䷖	䷗
无妄	大畜	颐	大过	坎	离
䷘	䷙	䷚	䷛	䷜	䷝
咸	恒	遁	大壮	晋	明夷
䷞	䷟	䷠	䷡	䷢	䷣
家人	睽	蹇	解	损	益
䷤	䷥	䷦	䷧	䷨	䷩
夬	姤	萃	升	困	井
䷪	䷫	䷬	䷭	䷮	䷯
革	鼎	震	艮	渐	归妹
䷰	䷱	䷲	䷳	䷴	䷵

丰	旅	巽	兑	涣	节
䷶	䷷	䷸	䷹	䷺	䷻
中孚	小过	既济	未济		
䷼	䷽	䷾	䷿		

一般而言，卦名之后列有文辞，即卦辞，如：“乾：元亨利贞。”每卦由六个爻构成，因此六十四卦就有三百八十四爻。六爻自下而上称之为初、二、三、四、五、上，阳爻、阴爻分别以“九”“六”称之，如谦卦（䷎）自下而上，称之为初六、六二、九三、六四、六五、上六。爻后均系有文辞，即爻辞，如《乾》之初九“潜龙勿用”、《谦》之六二“鸣谦，贞吉”。

作为“三易”之一，《周易》为周代所作、所用，因而其名为《周易》；“周”字也表示无所不备、包罗万象，并象征六十四卦周而复始之意。作为一本卜筮用书，其价值固然可以帮助使用者预测未来或判断吉凶，比如“吉”“凶”“悔”“吝”“无咎”“利”“不利”等文辞遍布全书；但六十四卦的创造及其体系形成，无处不透露着古人对生存世界的思考与智慧，显示出洞察人事之情、万物之理的睿智。《周易》也反映了上古巫文化向占筮文化的转变，是思维、认识能力进步的表现，从而使人之旦夕祸福、国家之存亡治乱、宇宙之消息更替构成了《周易》的重要主题，同时也引发、激励更多人投入对此类问题的思考。此后，《周易》的价值可谓“与时偕极”，每每得到人们最高的尊崇，例如汉代尊奉《周易》为五经之首，既是政治文化的需要，也是《周易》价值被承认而逐步上升为经典的必然结果。

三、《易传》源起

周朝分为西周（前 1046 —前 771）和东周（前 770 —前 256）两个阶段，东周之始（前 770）至秦始皇建立秦朝（前 221）这段时间，又被分为春秋和战国两个时期。一般而言，春秋和战国时期是社会政治极为混乱的时代，战争尤其多，但这一时期取得的文化成就却是独一无二的，产生了中国历史上最多的思想家、学派领袖、经典作品。易学在春秋战国时期得到极为广泛的传播，很多思想家都与《周易》渊源深厚，易学也被他们弘扬、创造并传播到民众之中。如果说《周易》古经的产生是西周易学的最高成就，那么春秋战国易学（东周易学）的最高成就莫过于孔子所著之《易传》了。

（一）《左传》《国语》易说

西周初年，以周公为代表的统治阶层推行一系列政治举措与思想变革，尤其是在尊崇德政、完善礼制和推行文化教育的政策影响下，人文理性日益突出。通过史料中的各种占卜材料也可以发现，易占的使用与解读，在政治决策、社会事件、个人认识等许多方面均表现出新的演变趋势。此时的易说，主要留存于《左传》《国语》二书以及一些零星的历史资料中。

《左传》原名为《左氏春秋》，后称《春秋左氏传》，简称《左传》，是记录春秋时期社会历史的重要典籍。所记事件，起于鲁隐公元年（前722），止于鲁哀公二十七年（前468），内容包括聘问、会盟、征伐、婚丧、篡弑等，对各类礼仪规范、典章制度、社会风俗、道德观念、天文地理、历法时令、古代文献、神话传说等均有涉及，也有作者的一些评论，反映了当时社会思想、价值观念等多方面的内容。《左传》一书所记占卜之事有五十余例，涉及征伐、命官、立储君、营建、生育、疾病、婚姻、郊祭、降雨、梦兆等政治与社会生活的诸多领域。说明占卜活动在当时相当流行，扮演着重要的社会功能。其中，直接与《周易》相关的记载共有二十多处，有六处引用了《周易》的原文，并有多处涉及卦爻与文辞。

《国语》是中国最早的一部国别体史书。所载史事，时间始于周穆王十二年（前990）西征犬戎，止于晋国智伯被灭（前453），记录了周朝王室和鲁国、齐国、晋国、郑国、楚国、吴国、越国等诸侯国的历史，内容涉及各国贵族间的朝聘、宴飨、讽谏、辩说等活动，以及部分历史事件与传说。《国语》所记载占卜之例甚少，与易占相关仅有两条。

通过这些少量而又宝贵的历史记载，可以了解到春秋时期《周易》的应用、演变及其影响等多方面的信息。

第一，《左传》言“筮短龟长，不如从长”，此语一定程度上说明了当时龟卜之法的使用比筮占更为广泛；《左传》所载龟卜与筮法的运用，也是前者出现较多。其原因不仅仅是龟卜比筮占的起源更早，而且极可能是其操作程序、解读方法等更为固定和统一。《尚书》《周礼》二书记载卜、筮兼行于世，而龟卜程序中对龟甲的采选、保存、钻凿、灼烧以及兆象分析的方法均有严格固定的要求，有一套极为系统、完整的操作流程，并有专门的职官负责此类活动。相比而言，筮占则有“三易”“九筮”的说法，但具体筮法不明。这似乎显示当时对于筮法尚没有统一的程序或固定的操作模式，《左传》所载筮法不统一即是明显的证据。

第二，从《左传》《国语》易占来看，占筮结果基本是“遇《观》之《否》”或“遇《蛊》”这种“遇某”“遇某之某”的形式。说明人们对易占结果的记述是一致的，占筮方法上已有很大的趋同性。然而，如何得到这些卦的方法却无记载，即便从各国对易占的解读，也不能肯定是《易传》中的“大衍筮法”。例如，《左传》襄公九年有一次易占所得结果是“遇《艮》之八”，按照杜预的说法是运用了《连山》或《归藏》的相关内容。

第三，易占之后，就要对占筮所得之卦进行解释，《左传》《国语》解卦方式多样，主要采用了卦辞、爻辞、卦象、爻象、人事、德义等等，可以概括为以卦爻辞、卦爻象、人事为主的三种解释方法。其中以卦爻象解卦使用最多，取象也繁杂紊乱，没有明确的统一标准。值得注意的是，多数解卦采用了两个或两个以上的方法，有些还有意识地将占筮结果和具体人物具备德义与否相联系，作为判断吉凶祸福和决定行动方向的主要依据。这些解卦特点体现出人们对世界的认知水平逐步提升，透显着理性的态度和智慧的光芒。

《左传》《国语》中的占筮多与易说相关，表明以易为筮的应用增多。以卦、爻为基本依据的使用，显示出人们由原始的感性思维，逐步向类型化、形式化、抽象化思维过渡。对德义的重视，说明当时人们由对鬼神的信奉与依赖，逐步转向对自身德行的关注。这既是上古崇德文化传统的延伸，又是天命神鬼观念淡化、天道性命理论兴起的体现。《左传》《国语》的易道思想被以孔子为代表的先秦儒门易学全面继承。

（二）孔子与《易传》

孔子是中国历史上儒家学派的创始人，对中国思想文化、民族精神等各方面均有全面、深刻的影响，被后世尊称为“至圣”。

孔子生活在春秋时期鲁国，他阐发“仁”的观念，尊奉周礼，提倡德政，在易学方面也有很大贡献。《论语》里有关于孔子学习《周易》的

孔子

记录，孔子说："加我数年，五十以学《易》，可以无大过矣。"汉代司马迁《史记》中也说："孔子晚而喜《易》。"在出土的马王堆帛书《要》篇里，描述了孔子在老年时极为喜好《易》，以至于行走坐卧都与《易》相伴，潜心研究。其易学思想较为原始地体现在湖南马王堆出土的帛书《二三子问》《系辞》《易之义》《要》《缪和》《昭力》等篇之中，这六篇也被统称为帛书《易传》。相比帛书，传世本《易传》也是极为可信的易学文献。此外，易类出土文献还有上海博物馆藏楚

马王堆帛书《周易》整理本局部图

竹书《周易》、阜阳汉简《周易》等等。易类出土文献研究已经成为当代易学研究之显学，学者文章、著述甚多，为系统、深入研究《周易》经传提供了丰富而重要的解读。

孔子的易学思想与其重仁、崇德、循礼的基本思想相一致。他认为《易》是古代流传下来的较为完整的言说，与上古的德行思想不相违背，体现了文王等圣人的仁德观念，故而孔子说："我观其德义耳。""吾求其德而已。"（帛书《要》）这一点也在今本《易传》中有着显著的体现，说明孔子首先关注的不是其卜筮的功能，而是研读体味《易》辞以领会其德义精神。孔子阐发德义之理，强调有德之人才能懂《易》，如言"无德则不能知《易》"（同上）。这里的"德义"不仅是从《易》占中探知其间蕴含的道理、行动指南，更是从《易》的言辞文本中探求天地变化的规律以及人类伦理、德性的根本准则与完善途径。

除了重"德义"外，帛书《易传》里还讨论了损益成败、刚柔时变、吉凶之理与三才之道等问题，这些完全是以孔子为代表的典型的儒门易学观点。从帛书《易》中可以看到，当时对《周易》文本解读的方法有变卦、卦体、卦气等，这些都被后世易学家所广泛利用与发展。

此外，帛书《易传》还说明孔子不仅晚年倾心学《易》，同时也影响到门下弟子，甚至基本证实了《史记》关于孔子、商瞿、馯臂、矫疵、周竖、光羽、田何依次传《易》的历史真实性。这是易学启端以来，最为系统、具体的传承脉络。

此外战国时期的荀子、韩非子及阴阳家、黄老学派均有《易》说，并体现出各不相同的易学观念。其中，以今本《易传》为代表的儒家易学的成就最为显著。

古人为条件所限，著书不易。帛书《周易》与今本《周易》也是经由多人和较长时间传承、整理而成，二者有着十分密切的关系。尽管帛书《周易》古经和《易传》可以提供比较原始的材料，但相比而言，今本《周易》古经和《易传》的内容、思想、语言等方面更为成熟，整理成书的时间大致是孔子生前至战国中期。今本《易传》全面展现了解读《周易》古经的多种视角，完整地阐述了占筮方法与原理，阐发总结出《周易》古经富含的深刻思想，体现了极高的理论思维能力和语言水平。因此，它既是对当时易学发展的全面总结，又是一次伟大创造，对中国古代哲学、政治、经济、文化等之影响难以估量。

今本《易传》（或称传世本《易传》，相对于出土文献而言），是解释《周易》古经的文章合集，包括《彖》（上、下）、《象》（上、下）、《文言》、《系辞》（上、下）、《说卦》、《序卦》和《杂卦》，共七种十篇，又称为“十翼”。有文献记载为孔子所著，但实际成书要晚一些，准确地说，《十翼》是体现孔子等儒家思想的易学著作。《彖》以分别解释六十四卦卦辞、卦义和卦用为主。《象》主要以卦、爻象为依据对卦、爻辞进行解说；其中对六十四卦卦名、卦象和卦义的解释，又被称为《大象》，而对爻辞部分的解说被称为《小象》。《文言》阐述了乾、坤两卦的卦辞、爻辞和卦义，可以分为《乾文言》《坤文言》。《系辞》全面介绍了《周易》的来源、性质、宗旨，是具有十分丰富的思想内容和极高思维品质的哲学著作。《说卦》论述了《周易》古经的原理、八卦的性质及其各种象征意义与功能。《序卦》依次表述了今本《周易》古经六十四卦的排列顺序和排列依据。《杂卦》按照特有的与《序卦》不同的六十四卦顺序，解释了六十四卦的特点、性质和关系。

《易传》从卦象的性质，爻位的中位、当位、应位及其顺乘等关系，以及卦义的哲理蕴涵等三大方面深入论述了《周易》古经的形成过程、性质、结构、思想和占筮的原理依据、过程、功能等诸多方面。

关于《周易》古经成书，《易传》认为古代圣王伏羲通过观察天空、大地及一切人和动物的表现，从中获取、归纳为天、地、雷、风、水、火、山、泽八种不同的典型物象，并相应地以乾（☰）、坤（☷）、震（☳）、巽（☴）、坎（☵）、离（☲）、艮（☶）、兑（☱）八卦的形式来集中表现天地万物的情状和昭示神明的德性。其后的神农氏、尧、舜、禹等上古圣王也运用易理及其功用使天下得以很好地治理。《易》的再次兴盛是殷末周初，文王为总结人伦世事而丰富了卦爻辞的内容，奠定了《周易》古经的基本面貌。

《周易》古经本为卜筮之书，其性质在《易传》中也有反映。“大衍之数”一节便直接介绍了占筮的方法步骤，说明了《周易》古经作为占筮工具书的功能。而《周易》古经文辞简明，有着极大的解释空间，以之作为确定吉凶的依据显然不能满足后代学者的好奇心，由此产生了无数对易占及《周易》古经文本进行研究的著作。

易占之法出现较早，具体过程和操作方法及原理依据，直到《易传》的记载才得以展现于世人面前。《系辞》说，根据天地之五五相合和大衍之数的原理，首先取五十根蓍草，但只用其中的四十九根。把四十九根蓍草任意分为左手和右手两部分，从中取出一根挂在左手小指间（象征天地人三才之道），每四根（象征四季）为单位揲数蓍草。然后将右手揲算所剩的蓍草夹在左手无名指间（象征闰月），闰月每五年一次，故而再把左手揲算所剩的蓍草夹在左手的中指间。然后再别起一挂以同样方法反复揲算五次，最后根据所得数字确定占得之卦。《系辞》所述的占筮过程说明，它建立在对宇宙万物的经验观察与总结的基础上，以当时提炼的“数”为依据，推演出数的种种变化（通达变化之道），最终达到预测、探知人事变化的目的（探知神之所为）。仅此即可说明，以孔子为代表的知识群体，基本摆脱了通过祭祀通神解决人类问题的方法，而是相信凭借人的智慧与能力就可以推算预测出宇宙万事万物的现状规律和未来的发展变化，并依此处理好人类社会的种种事务。

《说卦》承继并详细总结了《左传》中记载的以象释占的方法，其繁复的列举和归类显示出当时一些经验性的认识倾向，但这种倾向已经被《易传》实际发展到实践理性和思辨认识的高度，形成了以阴阳理论、刚柔观念、时变观念、大中至正思想为核心的思想观念，并以此为基础，建构出易学哲学的宇宙观、礼乐教化思想、刑罚观念、道德观念、修养理论与政治理念。

第二章　汉代易学

公元前221年，秦王嬴政（前259—前210）统一六国，结束了分裂的战国时代。嬴政以秦国原有实力为基础，实行有效的政治、经济、文化、军事政策增强秦国国力，逐步消灭了韩、赵、魏、楚、燕、齐等诸侯国，建立了中央集权制的秦王朝，因而自称为“秦始皇帝”，简称“始皇帝”或“秦始皇”。为了稳固政权、统一和钳制民众思想，秦始皇采用丞相李斯的建议，只保留医药、卜筮、种树等书籍，将《诗》《书》与诸子百家之书以及除了记载秦国历史的《秦纪》之外的史书，悉数禁毁。除了博士官之外，天下之人不得藏有《诗》《书》，即使偶尔谈论史书、以古非今之人也要治罪。在这场文化浩劫中，《周易》作为卜筮之书侥幸逃过劫难，得以流传，易学也因此得以传授不绝。

秦始皇的暴政引发民众反抗，汉高祖刘邦于公元前206年最终推翻秦朝并平定动乱，建立了汉朝。历史学家把汉代分为两个时期，从公元前202年至公元8年称为西汉，而将公元25年至220年称之为东汉。汉代是易学发展的兴盛时期，西汉、东汉两个阶段都出现了一大批在易学上有突出成就的学者，形成了不同流派、特色的易学学说。其最不同于先秦者，是形成了以解经传道为职事的“经师”。出现这种局面的原因有三点：第一，汉代政府重视发展教育，振兴文化。尤其自汉武帝以后大兴儒家思想，《周易》作为儒家经典被推崇为“经首”，居于至高地位，《周易》也成为学校教学和学者的必读书之一。第二，汉代政府在中央设立五经博士之职，易学博士即为其一，使《周易》成为普遍习用的经典。这必然对学习、传播易学与促进易学专门化研究起到极为重要的推动作用。第三，中国文化的历史发展极为悠久，形成了诸多的文化中心，在文化的传承、传播方面有着极为深厚的民众基础，即使在秦始皇极为严苛的统治之下，文化之脉也折而不断。这样的传统在汉代相对和平、兴盛的环境中必然会得以弘扬，形成多形态易学角逐争胜之态势。基于以上三点，易学繁盛发展便顺理成章了。

一、西汉易学

西汉时期，易学经过孔子六世而传至齐地之人田何。田何之后，又有周王孙、丁宽、服生、杨何、田王孙等人，《周易》在汉初短暂的时间内即得到较为系统的传授。而后田王孙授易于施雠、孟喜、梁丘贺，形成“施、孟、梁丘之学”；孟喜传易于焦延寿，焦延寿又对京房有比较大的影响，形成了“孟、焦、京之学”。以上便构成了西汉时期易学的主要授受系统和发展脉络。

（一）孟喜易学

孟喜，字长卿，西汉东海兰陵（今山东临沂、枣庄一带）人。他活动于汉昭帝、汉宣帝时期，约公元前90年至公元前40年前后，是西汉著名的易学家，也是官方易学的代表人物之一和汉代象数易学的开创者。

孟喜学易于田王孙，与施雠、梁丘贺为同门，在易学上建树比较突出。他素有自称自誉的习性，曾谎称自己所得到的《〈易〉家候阴阳灾变书》是老师田王孙临终之前单独传授。然而被同门梁丘贺揭穿，导致皇帝不愿意任命他为《易经》博士。但客观地说，孟喜的易学成就与后世影响比施雠和梁丘贺更为突出。他的贡献在于丰富、完善了卦气说。

所谓“卦气说”，是指《周易》六十四卦与一年之中阴阳之气进退消长的对应、配合。因为一年有春夏秋冬四个时节、十二个月、二十四个节气、七十二候，故而“卦气说”的系统中有四正卦说、十二消息卦说、六日七分说、七十二候说等等，它们被统称为“卦气说”。

1. 四正卦说

此说是孟喜将《周易·说卦》中震、离、兑、坎四卦分别对应东、南、西、北四个方位的说法，与古代将春夏秋冬四季对应东南西北的做法相结合，并进一步加以系统化，从而整合成为以震卦居正东方，对应春季，代表二月春分至五月芒种；离卦居正南方，对应夏季，代表五月夏至到八月白露；兑卦居正西方，对应秋季，代表八月秋分至十一月大雪；坎卦居正北方，对应冬季，代表十一月冬至到二月惊蛰。由此，孟喜将卦次、方位、四时、二十四节气纳入同一体系之中，并将它们做了精巧的分配，在事物的演变程序上可以和基本的客观经验相验证，故多为后人所接受。

2. 十二消息卦说

该说依循阴阳的消长变化，结合《周易》六十四卦中十二个特殊卦的阴阳爻变化特点，把这

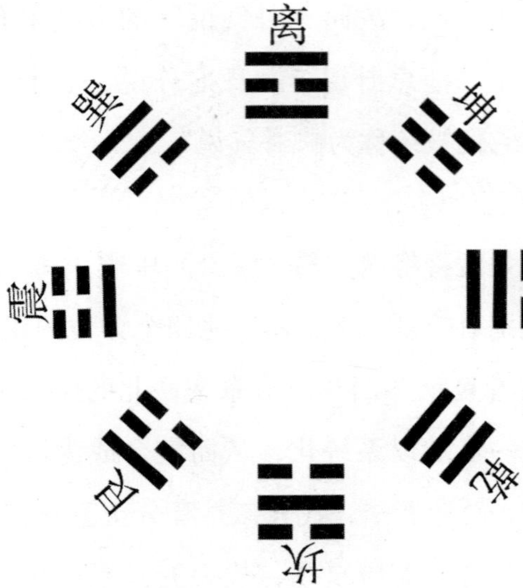

后天八卦图

十二个卦按照特定次序排列，并使之对应一年十二个月。这十二个卦是复卦（䷗十一月）、临卦（䷒十二月）、泰卦（䷊正月）、大壮卦（䷡二月）、夬卦（䷪三月）、乾卦（䷀四月）、姤卦（䷫五月）、遁卦（䷠六月）、否卦（䷋七月）、观卦（䷓八月）、剥卦（䷖九月）、坤卦（䷁十月），其中前六卦为阳息阴消，后六卦为阴息阳消；而泰卦、大壮卦、夬卦主春季，乾卦、姤卦、遁卦

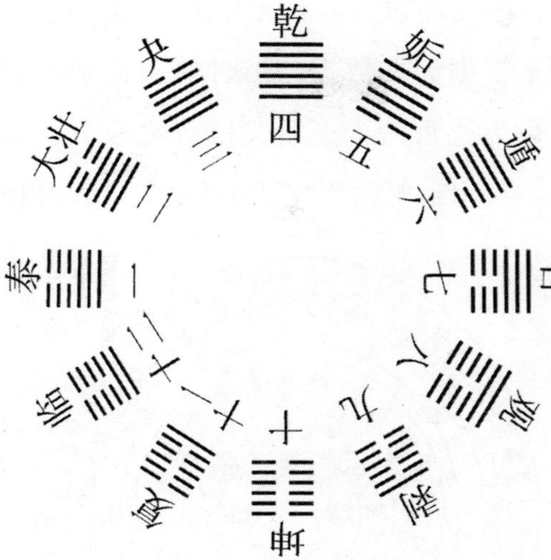

十二消息卦

主夏季，否卦、观卦、剥卦主秋季，坤卦、复卦、临卦主冬季。十二消息卦说是将《周易》六十四卦的卦变、爻变规律与四季、十二月阴阳消长的气候变化特点相结合的产物。

3. 六日七分说

孟喜在四正卦、十二消息卦说的基础上，进一步利用六十四卦中除去震、离、坎、兑四正卦的六十卦配以一年三百六十五日，得出每卦占六日七分，因此称为“六日七分法”。孟喜的这一做法可能是根据天文数据，当时的天文学家测得一年的日数为三百六十五日又四分之一天，以此除以六十，得出每卦占六又八十分之七日，如图：

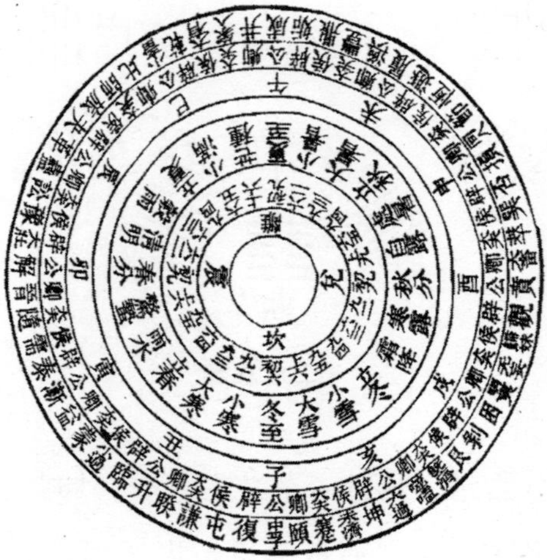

六日七分图

4. 七十二候说

该说是在二十四节气的基础上，将历法与易卦相结合，产生的一种解说《周易》的体例。所谓七十二候，是指将二十四节气中的每一节气一分为三，得出七十二个部分，每一部分称之为一“候”，故一年有七十二候。这种划分方法原为古代人经过细致观察天文时令变化，根据其不同特点分别加以形象的描述，以此为指导进行相应的生产、生活活动。孟喜将六十卦配一年之日数，又

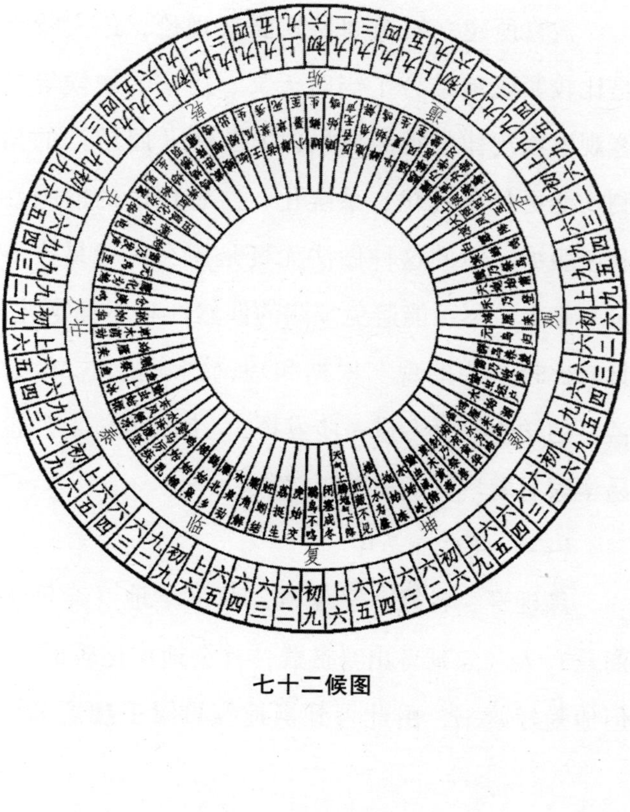

七十二候图

将六十卦分为辟、公、侯、卿、大夫五组，每组十二卦，每卦配一候，六十卦配六十候，余下的十二候仍以候卦相配。孟喜的这一做法以古代历法、物候知识为基础，目的是进一步将《周易》应用于占筮。但因其比附、牵强的意味十分浓厚，受到后代许多易学家的批评。

孟喜所建立的《周易》卦气理论，最大特点是比较紧密地结合了当时天文、历法、物候等对客观事物规律的观测成果，力图使《周易》的预测功能更加条理化、系统化，富有理论的前瞻性和说服力。他的这种做法无疑是想在古代易占卜筮基础上，尽可能避免预测的偶然性和不确定性，具有比较显明的现实根据和理论创新特色。经过孟喜的学生焦延寿进一步发挥，“卦气说”对后世易学家有着广泛的影响。

（二）焦延寿易学

焦延寿，名赣，字延寿，西汉梁地（今河南商丘）人。焦延寿出身贫贱，社会地位比较低微，但他爱好读书，由此得到当地权贵梁王注意和资助，最终学有所成。汉昭帝时，焦延寿任郡吏，后被选拔升任小黄县令（今河南兰考一带）。他为人志趣高雅，做官勤于政事，爱护下属和百姓，政绩十分显著。国家考核官员时，焦延寿的政绩最好，可以升做更高的官，但当地老百姓舍不得他离开。民众中有威信的代表上书给皇帝，请求让焦延寿留任。皇帝同意了百姓的要求，并给焦延寿增加俸禄，一直到他在小黄去世。

《焦氏易林》清代嘉庆士礼居本书影

焦延寿向孟喜学习过《周易》，同时广泛吸收和借鉴其他易学理论，相传著有《焦氏易林》。书中最具特色的是焦延寿六十四卦值日法，该方法是以六十四卦与一年之日数相配，除四正卦外的六十个卦都各主六日，共三百六十日。这种做法是焦延寿对孟喜六日七分法的继承，而他又让四正卦各主一日，以区别于孟喜不用四正卦的六日七分法。只是焦氏六十四卦只能主三百六十四日，余下的一日又四分之一便不好安置了。

《焦氏易林》的另一特点，是它记载了很多西汉乃至更早时期的易例、易象。这些易例、易象是人们运用与研究《周易》时所使用过而后世或已失传的，因而该书在认识和研究西汉及更早易学时具有极为重要的价值。焦延寿本人也在占卜预测方面有很高的水平，比较善于预测自然灾害和奇异事情的发生、变化，占算风雨寒温十分应验。

为官之际，他常常提前预知作奸犯科的违法行为，进行快速有效的处理，杜绝犯罪活动的发生。盗贼也为此不敢在小黄作案，当地的犯罪率大为减少，百姓更加安居乐业。焦延寿还曾经说过，在他的学生中，能够学到他的思想学说，又能舍身为民的人一定是京房。同时他还断言，将来弟子京房也必然会因为学《易》而危及自己的生命。这个推断果然应验了，京房在其四十一岁时遭人诬陷而身亡。

（三）京房易学

京房（前77—前37），字君明，西汉东郡顿丘（今河南清丰附近）人。京房跟随焦延寿学《易》，是焦延寿最为赞赏的学生。他几乎全部掌握了老师的理论，应用方面也更加灵验，能准确预知灾害、异常事件及风雨寒温等情况的发生。

公元前45年，京房任孝廉郎官。而后数年间，国家不断有自然灾害发生或出现奇异的自然现象，京房对此大都能预言灾害降临的时间，或提前数月，或提前一年，几乎每次都能应验。皇帝知道后很高兴，常召见京房询问灾异现象的原因与对策，让他主持考察、约束全国大小官吏的事务。京房想趁皇帝信任之际，除去石显和五鹿充宗等几个危害国家的官员。不过，没等到京房为皇帝排除危机和除掉为祸国家的权贵，皇帝便听信了石显一派的话，先打发京房去魏郡做官，而后又以京房与他人合谋诽谤政治、诬罪皇帝和勾结诸侯王对中央政府意图不利等几个罪名，将京房押送到京城长安。同年十一月，京房被杀。

京房一生，从学《易》做官，到因为善于用《易》推断而受到皇帝赏识，却因此身陷不测。传说京房死前曾对弟子周敞说，他死后三十天，天上必然有一星经过，表明他是无辜被杀的。三十天后，果然出现了京房所说的天象。之后，汉成帝即位，整治了石显及其党羽，才还京房以清白。京房多才多艺，易学理论上的建树颇多，曾著书数十种，而流传下来比较完整的是《京氏易传》。据不完全统计，该书所记载的由京房完善、创立的理论有纳甲说、纳支说、八宫说、五行论、卦主说、卦时说、中位说、爵位说、当位说、飞伏说、互体说、卦气说、星宿配卦说、建候说及世卦起月例等数十种之多。以下主要介绍其中四种。

1. 纳甲说与纳支说

传统意义上，纳甲说包括纳支说。所谓纳甲是纳十天干，即甲、乙、丙、丁、戊、己、庚、辛、壬、癸；所谓纳支是纳十二地支，即子、丑、寅、卯、辰、巳、午、未、申、酉、戌、亥。天干和地支本来是古人用来表示日、月等时间的名称，由于这种纪法来源于先民的生活实践与经验观察，又被赋予特殊的意义，从而把天干与春夏秋冬四季、东南西北四方以及金木水火土五行相排列、配合。京房在此基础上，进一步将八卦配以天干进行推演，因甲为天干之首而称“纳甲”。具体内容是乾纳甲壬，坤纳乙癸，艮纳丙，兑纳丁，坎纳戊，离纳己，震纳庚，巽纳辛。纳支的具体做法是以子、寅、辰、午、申、戌六个阳支配乾、震、坎、艮，每卦顺次取纳六阳支；以丑、卯、巳、未、酉、亥六阴支配坤、巽、离、兑四阴卦，每卦逆次取纳六阴支。即乾卦六爻自初至上分别纳子、寅、辰、午、申、戌；震为乾之长子，故纳法与乾卦相同；坎卦纳寅、辰、午、申、戌、子；艮卦纳辰、午、申、戌、子、寅；坤卦纳未、巳、卯、丑、亥、酉；巽卦纳丑、亥、酉、未、巳、卯；离卦纳卯、丑、亥、酉、未、巳；兑卦纳巳、卯、丑、亥、酉、未。京房的这种做法是将古代的经验观察和生活经验与八卦形式相糅合，以便更为具体的推演、预测。

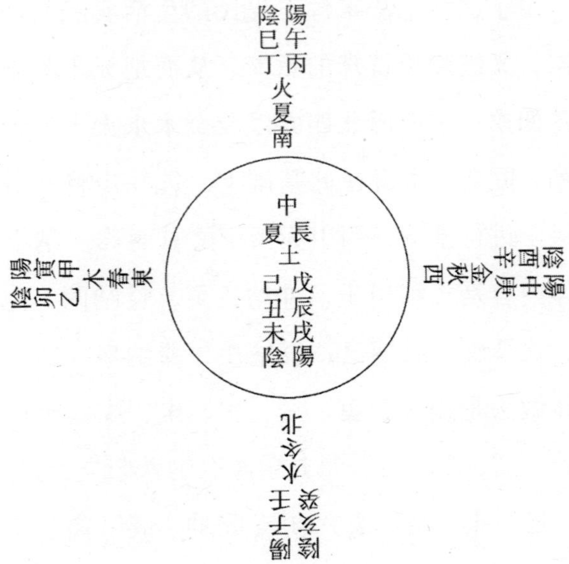

干支配阴阳五行与四季方位

2. 八宫说

京房把六十四卦分成八组，八纯卦居各组的首位，并统领其他七卦。这样的一组称之为一宫，共有八宫，即乾宫、坤宫、震宫、巽宫、坎宫、离宫、艮宫、兑宫。每宫八卦自上而下为上世卦、一世卦、二世卦、三世卦、四世卦、五世卦、游魂卦、归魂卦。京房的发明可能是根据《周易》六十四卦的卦象分布特点，依据当时的《说卦》、八风说、阴阳消息思想和五行学说，结合易占体例而创制的。

京氏八宫卦序表

八宫／世魂	乾	震	坎	艮	坤	巽	离	兑
一世	姤	豫	节	贲	复	小畜	旅	困
二世	遁	解	屯	大畜	临	家人	鼎	萃
三世	否	恒	既济	损	泰	益	未济	咸
四世	观	升	革	睽	大壮	无妄	蒙	蹇
五世	剥	井	丰	履	夬	噬嗑	涣	谦
游魂	晋	大过	明夷	中孚	需	颐	讼	小过
归魂	大有	随	师	渐	比	蛊	同人	归妹

3. 五行说

京房的五行说与八宫说联系紧密。五行思想在中国早已存在，五行相生相克的认识在京房之前也已经形成。京房的贡献在于，他将五行说全面地引入对卦爻及其关系的解说中，以五行思想来讨论占算卜筮的方法，创造性地将之发展为解释《周易》的理论。京房首先以五行配八卦，认为乾属金、震属木、坎属水、艮属土、坤属土、巽属木、离属火、兑属金。八卦的属性直接代表其所在宫的五行属性，这样便确定了每一宫、每一卦整体上的五行性质。解决了六十四卦的五行属性后，京房根据纳支说，进一步以地支的五行属性确定每一卦所具有的六爻的五行性质。

经过以上几个步骤，京房建立了一个全面、系统的五行生克关系网络。通过对每一具体占算卦例所包含关系的分析，并结合其他占算的规律，京房认为可以以此来确定所占算之人、事、物等的吉凶得失。

京房的占算理论和解释《周易》的方法具有

容纳百川的特点，他广泛吸取了哲学宇宙论、数学、天文、历法、物候、五行、阴阳、乐律等各种知识，将它们有机地融合到《周易》的卦爻规律之中，形成了品类繁多、别具特色、内容缜密、理论性强的京氏易学，大大超过了孟喜和焦延寿等前辈易学家，其易学理论被后人概括为象数派易学。京房易学本身具有难以超越的高度，加之他当时身处上层社会，具有广泛的社会影响力，跟随他学习的人从贵族子弟、政府官员、学者到庶民、隐士，遍及朝野，直接影响了东汉易学的发展趋向，形成了东汉易学家的重要群体，成为中国易学史上极为重要的易学流派。

（四）道家易学

道家在战国至西汉时期，思想都十分活跃，其中不乏把道家思想和易学理论融合创新的道家学者。他们在宇宙生成论、本体论、阴阳学说等方面都表现出将道家与《周易》理论互通互释的积极倾向，例如试图将《周易》与老子思想结合而创作的《太玄》，因而他们常被称之为道家解

刘　安

《易》学派。这方面的代表人物和作品是刘安文人集团的《淮南子》、扬雄的《太玄》。

刘安（前179—前122）是皇族后裔，袭封为淮南王时，召集众多门客编写《淮南子》。其中多篇引文皆与帛书《易传》相关，如《人间训》《缪称训》与《二三子》《衷》等多有相合之处，表明《淮南子》保存了大量汉代及先秦的易学材料。另外，由《天文训》之“道曰规，道始于一，一而不生，故分而为阴阳。阴阳合和而万物生，故曰：一生二，二生三，三生万物”等，也可以看到道家思想和易学合流，衍生出新的宇宙观念。相比扬雄（前53—18）模仿《周易》所作《太玄》的机械构建，《淮南子》虽非易学专书，却是以道家思想为基础的融合创作，堪称易学发展的新格局、古代思想发展的新高度。

二、东汉易学

西汉易学的研究理路直接衍生、演变、影响着东汉易学，比较显著的表现在于孟喜、焦延寿、京房象数易学的传承持续不断；而原本重视《周易》文本训诂解读的费直易学出现了马融、郑玄、荀爽等著名经师，古文易学流派遂盛极一时。魏伯阳则把道家思想和《周易》象数理论、养生术等融合，撰写了《周易参同契》，把易学理论用于养生，用卦气说解释炼丹术，成为中国道教易学的先驱。

（一）古文易学

西汉易学除了孟喜、焦延寿、京房为代表的象数易学流派之外，早期有重在训诂解释《周易》大义的流派，以周王孙、丁宽、杨何等人为代表。继承汉初易学传统，重视用《易传》来解读《周易》古经的费直则代表了另一个研究《周易》的派别——古文易学。该学派在东汉成为一代显学，也是非官方易学学术之杰出代表。

1. 马融易学

马融（79—166），字季长，东汉扶风茂陵（今陕西兴平）人。他早年外表俊美，善于言辞，很有才华。在京兆有个叫挚恂的人不乐意做官而隐居于南山之中，他善于用儒家思想教授学生，在关西一带声名卓著。马融也慕名跟从挚恂学习，没几年，就博学多识，全面掌握了经书的内容，受到挚恂的喜爱并把女儿也许配给他。然而，马融的为官之路却十分坎坷，经常受到各种权贵势力的排挤，没有完全施展才华的机会。晚年便以身体多病为由辞去官职。马融学问渊博，才华横溢，以学问贯通而闻名，很多人愿意做他的学生。他教授的学生有数千人之多。其中比较著名的学生有涿郡的卢植，后来成为政府官员和学者，还有北海的郑玄，后来成为著名的大学者。可惜马融《易》注今已散佚，留存无多。

马 融

2. 郑玄易学

郑玄（127—200），字康成，东汉时北海高密（今山东高密）人。郑玄自幼家境贫寒，做一些低下的职业维持生活，但他十分爱好读书，一有空闲，就去拜访有学问的人。在别人帮助下，他有机会进入国家太学，师从著名的学者第五元先，学习了《京氏易》《公羊春秋》《三统历》《九章算术》。太学学习之后，郑玄又拜东郡学者张恭祖为师，研读《周官》《礼记》《左氏春秋》《韩诗》《古文尚书》等。郑玄并不满足，又向西出发，找到当时最著名的经师马融，拜为老师。郑玄不分白天黑夜，刻苦学习文章典籍，从不懈怠。经过十多年学习，当他告别老师、同学回家时，马融很有感慨地对学生说："郑玄现在要离开我这里，我的学说也会随着他向东方传播了。"（《后汉书·郑玄传》："郑生今去，吾道东矣。"）郑玄回到家乡东莱之地，边耕种，边收学生，名气越来越大，甘于讲学而不被官爵所诱惑。孔融亲自来郑玄家中拜访，指示高密县令在郑玄所在的地方设立“郑公乡”，扩大郑家门前的道路，让它能通过高盖大车，取名叫“通德门”，以此表彰郑玄非凡的学问、崇高的品德。郑玄七十四岁去世时，门下学生已有一千多人。

郑玄一生从事学问研究和教学，众多著作几乎涉及当时所有的研究领域。他的学生共同将老师生前对弟子提出问题的回答，按照《论语》的体例编为《郑志》。郑玄所注释的书，有《周易》《尚书》《毛诗》《仪礼》《礼记》《论语》《孝经》《尚书大传》《中候》《乾象历》；郑玄自著《天文七政论》《鲁礼禘祫义》《六艺论》《毛诗谱》《驳许慎五经异义》《答临孝存周礼难》，共一百多万字。郑玄对于经书典籍的辞义训释，力求质朴实在，探寻古人文辞的确切意义和其中蕴含的微妙思想，因此人们认为他是纯正的儒者，齐鲁一带的人们都尊奉他为宗师。

易学方面，郑玄用训诂的方法注解《周易》和《易纬》。《易纬》是东汉时期形成的阐释《周易》的重要著作，因其产生背景复杂、经历时间

郑　玄

长和吸收的内容材料繁多，很多内容不能被后世理解。历史上唯有郑玄曾遍注经书和纬书，故而具有巨大的历史贡献。郑玄的注释方法是费直、马融易学方法的继续，只是在他十多年的游学生涯中，经过不断向多位老师请教，其学问视野已经不局限于某一流派的观点，而走向了融汇各家思想的道路；广泛吸取，仔细推敲，以求达到对圣人之书的正确理解，也是郑玄成为汉代大学问家、大易学家的重要原因。他的易学方法具有集众家所长的特点，也有很多是他自己的发明，如爻体说、爻辰说和以礼解《易》等等。

爻体说为郑玄所创，是一种解释《周易》的新体例。爻，即为卦中的任何一爻，而体是指八卦的卦体或是六画卦的上下卦体。爻体，指的是某一爻可以代表某一卦体，同时也代表某种卦的意义。就八卦而言，往往其中某个阳爻或阴爻具有决定该卦主要性质和意义的作用，也就是说可以作为某卦的象征或称之为卦主。郑玄在此基础上，进一步将八卦的卦主说推广至六十四卦，并且在使用上具有更大的适用性、灵活性。

爻辰说是郑玄创立的另一种新的解《易》体例。爻即是卦爻，辰是十二辰，亦即十二地支。爻辰说是指乾、坤两卦的十二爻与十二辰按照特定程序相配，具体来说是用十二地支中的阳支子、寅、辰、午、申、戌分别与乾卦的初爻至上爻相配；以十二地支中的阴支未、酉、亥、丑、卯、巳分别与坤卦初爻至上爻相配。如表所示：

乾		坤	
九月	戌	四月	巳
七月	申	二月	卯
五月	午	十二月	丑
三月	辰	十月	亥
正月	寅	八月	酉
十一月	子	六月	未

郑玄将这种方法进一步推广到整个六十四卦，将六十四卦三百八十四爻均纳以辰。具体方法是，凡是阳爻所纳皆按照其爻位同于乾卦，凡是阴爻所纳皆按照其爻位同于坤卦。需要指出的是，这种推演仅仅是郑玄的爻辰说的开始，他的真正用意还在于借助地支广泛联系五行、阴阳、方位、天文、历法、物候等一系列因素，将孟喜、京房的象数元素再次汇聚到自己创立的系统之中，以求更圆满地解释《周易》的各项内容。

郑玄是东汉末年的著名经师，对儒家的重要

经典都有注释，这种融会贯通的学问在其晚年注解《周易》时便充分体现和发挥出来。最为突出的是他对《周礼》《礼记》和《仪礼》有着精深的研究和准确的把握，并将之与《周易》的文辞、义理相结合而以礼解《易》，开创了《周易》与其他经典互相发明、互相诠释、互为一体的新的易学研究道路。

（二）荀爽易学

与郑玄同时代，还有一位叫荀爽的著名易学家，也在易学史上有着重要的地位。荀爽（128—190），字慈明，东汉颍川颍阴（今河南许昌）人。他从小酷爱学习，潜心研究经典，十二岁就比较好地掌握了《春秋》《论语》。当时的太尉杜乔见到荀爽，评价他说："这孩子将来可以做其他人的老师。"（《后汉书·荀爽传》："可为人师。"）当地人也称赞他，说："荀家有八个孩子，个个像龙一样了不起，而荀爽又是其中最无可比拟的。"（"荀氏八龙，慈明无双。"）荀爽一生很少做官，像郑玄一样对做官没有兴趣。尽管皇帝屡次请他出来当官，他仍以各种理由推辞，一心读书、写书和教授学生。

荀爽的易学具有综合各家各派的特色。他巧妙改变象数易学的方法和思想，用以解读《周易》，同时又不脱离文本的宗旨，解决了很多易学史上存在的难题，如他所完善的阴阳升降说在中国易学史和哲学史上都具有独特地位。阴阳升降是指用卦爻位上升与降低的形式，表现阴阳之气的进退、往来、消长等运动状态。荀爽在使用阴阳升降的过程中，改进了京房升降说，按照《周易》自身的要求，总结了若干原则以讨论阴阳升降的各种情况及其所带来结果、意义，对于解读《周易》卦爻、文辞本身的内容、特点具有很高价值。他的阴阳说是在之前阴阳思想、京房升降说基础上的全面而深入的发挥，具有理论的严谨性和系统性。这种理论也是对纯象数派讨论具体天灾、奇异事件的超越，超出易学阴阳观的形式，上升到讨论事物运动变化的哲学视野。

皇清經解卷一千二百三十三　學海堂

周易荀氏九家義　武進張編修惠言著

九家或云卽淮南九師或云荀爽集古易家凡九皆非也

惠徵士云六朝人說荀氏易者爲得其實

乾坤升降

荀氏之義莫大乎陽升陰降惠徵士易漢學說之云乾二升坤五爲君坤五降乾二爲臣乾升爲坎坤降成离成既濟定則六爻得位繫辭所謂上下无常剛柔相易乾彖所謂各正性命保合太和乃利貞也惠此說據荀文言注而言其實荀氏六十四卦皆無正既濟之義其陽升于坤又不主九二一爻

乾文言注云乾升于坤曰雲行坤降于乾曰雨施乾坤二卦成

皇清經解卷一千二百三十三　張編修周易荀氏九家義　一　庚申補刊

张惠言著《周易荀氏九家义》学海堂本书影

（三）虞翻易学

东汉末期，政治陷入混乱，国家动荡不安长达几十年。这一时期的荆州地区相对安稳，形成了以刘表、宋衷、王肃等人为中心的学术团体，史称“荆州学派”。他们在易学上敢于质疑前辈学者，提出具有开创性的问题，把《周易》的注释从繁多变得简省，由文辞注解为主逐渐转化为注重哲学义理内容的发挥。但荆州学派存在的时期较短，新的萌芽未能顺利成长。这一时期比较有影响力的是与荆州比邻的吴国学者虞翻。

虞翻（164—233），字仲翔，三国时期吴国会稽余姚（今浙江余姚）人。虞翻曾在吴国做官，因精通易道，预测准确，得到国君孙权的赏识。后来，孙权和刘备手下的关羽发生军事冲突，关羽败走。孙权让虞翻占筮打仗结果，得《节》卦，五爻变而为《临》卦。虞翻说：“不超过两天就可以杀掉关羽。”（《三国志·虞翻传》：“不出二日，必当断头。”）事实果然如此。虞翻晚年得罪孙权，被流放到外地，过着隐居著书、教授门徒的生活。

虞翻对经书典籍极为精通，注过《老子》《国语》和《论语》，而最有名的乃是他对易学的精深研究，是两汉象数易学的集大成者，历史上

虞 翻

称之为“虞氏易”。虞翻易学带有极为明显的兼容并蓄的特点，他广泛吸取当时的易学研究成果并加以改变、完善，同时还潜心创造自己的解读方法，其中比较重要的是爻位说、卦变说、易象说。虞翻的易学带有综合两汉易学成果的特点，在发展象数派易学方面的成就尤为突出。不过，虞翻和两汉时期的学者一样，大都围绕着对儒家经书的注释和理解，带有浓重的官方政治色彩，过于烦琐的注释形式愈演愈烈，所带来的后果是使经书变得烦琐难通，令以后学者望而生畏。

（四）道教易学

东汉末期，中国本土宗教道教肇兴，融合道家、炼丹方术、术数、民间宗教等为一体，萌生出许多原发性思想。东汉易学家魏伯阳所著《周易参同契》即为一例。该书可探讨处很多，这里仅举其与易学相发明之“月体纳甲”说。

魏伯阳结合道家炼丹之“进阳火”“退阴符”等理念，把月相盈亏配之以八卦，将十天干纳入三画卦组成的八经卦。

基本内容是，阴历每月初三日昏时，新月升于庚位的西天上，以震卦表示；阴历每月初八日昏时，上弦月升于丁位之南方天空，以兑卦表示；阴历每月十五日昏时，满月升于甲位之东方天空，以乾卦表示；阴历每月十六日晨时，缺月没于辛位西方天空，以巽卦表示；阴历每月二十三日晨时，下弦月现于丙位之南方天空，以艮卦表示；阴历每月三十日，月相消失于乙位东方，藏之于

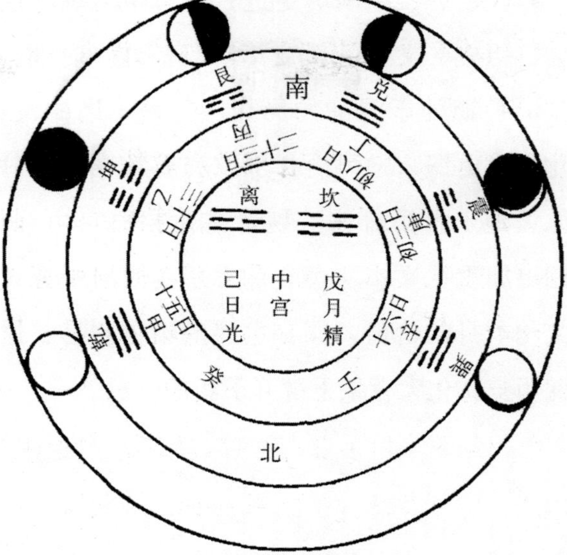

月体纳甲图

癸位之北方，以坤卦表示。而离、坎二卦本来即代表日、月，日、月位于中天即处己位和戊位，故以离卦纳己、以坎卦纳戊。由此，十个天干、五个方位均与八卦紧密结合起来。“月体纳甲”说与京房纳甲说有同有异，不同在于京房将十天干纳入六爻卦，但二者都是一种时空图式的构拟。

东汉之后，中国历史进入魏晋南北朝，迎来社会、历史、文化的新变革阶段。这一时期，社会政治长期处于混乱的局面，各种不同的民族、文化得以更深入地融合，佛教和道教也于此时在中原大地上扩展开来。魏晋文化相对自由开放，人们更加重视文本所蕴含的思想，倾向于探讨人与文化本身的价值，探寻世界的本体。易学研究在此历史文化大背景下翻开了新的一页。

第三章　魏晋易学

处在末期的东汉王朝，像将没入地平线的太阳，仅有片刻的光辉。帝国的余晖中有个叫曹操的年轻人，在政治和军事上展现出雄才大略，逐渐成为东汉末期势力格局中最强大的北方霸主。生活上，曹操则有些不拘一格，任侠放荡，爱好音乐、诗词，其《观沧海》《龟虽寿》是中国文学的名篇。平定刘表占领的荆州地区后，曹操带领一些荆州学派学者回到北方，洛阳一时间成为众多学者名流会聚之地，形成了以“三曹”“建安七子”为代表的建安文化流派。晋朝统一后，国家多难，最终形成南北朝之分裂乱局。这一时期形成了中国文化史、思想史上著名的“魏晋玄学”，而在易学上建树较多的是王弼、管辂等引领风潮者。

（一）何晏易学

在政治抱负和文学爱好之外，曹操还特别喜欢年轻貌美的女子，公元200年左右他纳娶没落贵族何氏家的寡妇为夫人，并成为这位夫人儿子何晏的养父。

何晏六七岁的时候就异常聪明，在养父曹操的教导和影响下，很快成长为青年贵族中的领袖。在各种文化聚会、辩论会乃至宴会等场合，他都以丰富的学识、熟练的论辩技巧和高贵独特的气质折服众人，把那时兴盛的以论辩人之情性、有无何为本体及以《周易》《老子》《庄子》问题为中心的“清谈”风气不断推向社会文化的流行前沿。

何晏的影响主要体现在对当时文化潮流的导向和推动上，而在其朋友中比较擅长《周易》的是荀粲。荀粲家学渊博，著名易学家荀爽是他的叔祖父。何晏在易学上也是有所建树的，以能够回答当时易学的九个难题而著称。历史上记载他曾与当时以象数易学闻名的管辂“共论《易》九事，九事皆明”（《世说新语·规箴第十》）。

（二）管辂易学

管辂（209—256），字公明，三国时期平原（今山东平原）人。史载管辂从小就天资聪颖，喜欢观看日月星辰天象，说：“家养的鸡和野生的鹄鸟尚且知道天文时节，何况人呢?”（《辂别传》：“家鸡野鹄，犹尚知时，况于人乎?”）每当他与别人谈论，总有见识过人的地方，即便一些有学识的人也不能难倒他。后来，他跟从郭恩学习《周易》，很快就精通卜筮之道，并掌握了多种占卜预测的技能，名气也越来越大。经人举荐，管辂来到都城洛阳拜见何晏，何晏与管辂谈论了“《易》九事”，赞扬管辂说：“对于阴阳之类的见解，当世没有人可以与他媲美。”（《辂别传》：“君论阴阳，比世无双也。”）管辂的易学继承了汉代象数易学传统，强调对卜筮之道的应用，并采用多种预测方法。《周易》中的义理对他来说仅仅是对人事占卜的解说理论而已。有一次何晏请管辂为他卜卦、解梦，管辂很不客气地加以分析，让何晏慎重自己的言行防止不好的事情发生。十多天后，何晏便被以司马懿为中心的政敌们杀死了。

管　辂

（三）王弼易学

何晏生前写了很多文章和著作，但大多没有流传下来。流传下来的《论语集解》，是他曾经集合当时的一些“谈友”编纂的，该书后来成为不朽的开创之作。他也曾注过《老子》，不过因为听到一位天才少年的论述就放弃了。这位不凡少年即是王弼。

王　弼

公元226年，王弼出生在名士官宦家庭。他的叔祖父王粲曾经是荆州学派的重要人物，后来跟随曹操来到洛阳，是文坛著名的“建安七子”之一。王弼所处的名士家族，藏书万卷，是中国古代著名的藏书之家。故而家学十分深厚。既有荆州学派的积淀，又有中原文化的底蕴，受到严格教育的王弼在少年时代就成长为一颗耀眼的明星。在一次已经闻名天下的何晏主持的清谈会上，大家对一些问题争论得热火朝天，谁也不能说服对方，这时候年仅十八岁的王弼出现了。何晏从他的好朋友裴徽那里已经知道天才少年王弼的名字，于是就把大家争论的问题和观点说给王弼听，还说：“我认为大家已经提出了很好的见解了，你还能把他们驳倒吗?”（《世说新语·文学第四》：“此理仆以为极，可得复难不?”）王弼听完，立刻向在座之人提出质疑，给出自己独特新颖的看法，并轮流扮演辩论的双方角色，进行反驳和辩论。这种高超的辩论水平和才华使得大家十分钦佩，很多人陶醉在其美妙的语言与思想之中。自此以后，王弼的才学得到了名士们的一致认可。然而，他并不把满腹的学识浪费在和别人的口舌辩论上，而是从论辩的过程得到启发，激发他对宇宙、社会、人生问题的思考，并运用于注解《老子》《周易》《论语》这三本书。

《老子注》应该是王弼较先完成的作品，他受到当时社会上流行的道家观念和思想界所逐渐崇尚的哲学化论辩风气的影响，从道家“以无为本”出发构建了中国本体论哲学体系，奠定了魏晋时期玄学发展的基础。这种脱胎于传统的新理论形式继而被他引入对《周易》的解释，完成具有划时代意义的著作《周易注》。王弼易学的最大特点是积极思索《周易》的哲理和天地万物的本根，反对两汉时期大多数易学家所采用的烦琐的文字注释，反对两汉易学为了解释《周易》而演绎各种各样的取象、互体、卦变、卦气等，将道家思想和《周易》深奥的哲学义理巧妙融合，把二者纳入其宇宙本体论的宏阔体系之内。为了使自己的易学观点更加清晰，王弼还写了《周易略例》，在书中更加理论化、系统化地介绍了他独特的哲学观点和易学主张。《周易注》和《周易略例》是当时最有影响力的易学著作，也使得他与何晏齐名，成为当时社会名士和思想学术界最为夺目的人物，由他们开创的魏晋学风独领风骚二百余年。遗憾的是，正是何晏被政敌杀死的正始十年（249），王弼也在这一年秋天因病不治身亡，时年二十四岁。

数年后，西晋时期的韩康伯在王弼《周易注》的基础上，尊王学以注《系辞》《说卦》《序卦》《杂卦》等，由此王、韩的《周易注》风靡学界。南北朝时期（420—589）的百余年里，王弼易学被南方学者及官方推崇备至。到了唐朝孔颖达主持编写《周易正义》后，王弼易学成为官学正宗，占有绝对优势的地位。以郑玄、荀爽、虞翻为代表的易学鲜被关注，以致著作大多遗散，唯赖《周易集解》等书保存部分内容。

第四章　隋唐易学

公元581年，隋朝建立，结束了中国历史上动乱不安的南北朝，进入隋唐时期。在易学方面，南朝的宋、齐、梁、陈四朝都比较重视王弼易学，培养了周弘正、张讥等很多致力于义理易学传承的学者，这些学者及其学生的易学倾向直接影响了隋唐易学的发展。隋唐易学最大特征在于总结前代注疏，其中易学注疏中最有代表性的是《周易正义》。集合历史上散佚《易》注并整合而成《周易集解》的李鼎祚，则成了保存汉代易学资料的功勋。

（一）陆德明与《经典释文》

陆德明（550—630），名元朗，苏州吴县（今江苏苏州）人。他最初师从周弘正，比较擅长谈论高深玄妙的思想。二十岁时，陆德明参与了陈朝组织的讲解经典的活动，参加活动的都是从四面八方来的儒生，担任讲解的是国子祭酒徐克。徐克以为自己地位尊贵，没有人敢驳难他，因而讲解经文没有边际。大家虽然不赞同，却都不敢提出异议。陆德明这时站出来向徐克提出异议，指出他讲解中的问题，显示出过人的学识和勇气。隋朝大业年间，隋炀帝从不同地方征集了很多通晓经书的儒生，让陆德明与鲁达、孔褒等当时著名学者聚集在门下省，就经书问题相互诘难、询问、论辩，结果没有人能胜过陆德明。唐朝建立后，唐高祖李渊亲自参加国子学的祭奠仪式。当时，徐文远讲授《孝经》，惠乘和尚讲授《般若经》，道士刘进喜讲解《老子》。陆德明分别向这三个人提出问题来讨论，从儒家、佛教、道教三个不同派别的立场、宗旨来说明自己独特的见解，

陆德明

大家都被他高深的学识所折服。今天能够见到的《经典释文》三十卷是公认的研究中国古代经书典籍版本、文字、音韵的重要资料，该书是陆德明经过长期艰苦努力所取得的学术成果。他大约从公元583 年就开始着意于搜集各种书籍，采集、记录汉魏六朝二百三十多种经典中文字的注音，并对流传的不同书籍版本加以考证，最终完成了一部不朽的著作。此外，他还写了《老子疏》十五卷、《周易文句义疏》二十四卷、《周易文外大义》二卷等等。遗憾的是，它们都散佚了。

（二）孔颖达与《周易正义》

与陆德明同时而稍晚，最有影响力的学者是孔颖达。孔颖达（574—648），字冲远，冀州衡水（今河北衡水）人。孔颖达出生于官宦家庭，八岁时就跟随老师学习，每天诵读千余字。成年以后，孔颖达对《左氏春秋》、郑玄《尚书注》、王弼《周易注》、《毛诗》、《礼记》等儒家经典与重要注解都很明晰。此外，他还擅长算数和历法，善于写文章。与孔颖达同郡的刘焯是位著名学者，孔颖达上门请教问题，而刘焯则对孔颖达不以为然，没有以礼相待。但是孔颖达在提出质疑和回答问题过程中显示了出人意料的才学，使刘焯及在座之人都很震惊。隋朝建立后，孔颖达考取了明经科的功名，成为河内郡博士。隋炀帝召集各郡儒学官吏到东都洛阳，命他们与国子监的秘书学士一起论辩经学中的问题，孔颖达论难答对、

孔颖达

舌战群儒而一举夺魁。唐朝建立后，孔颖达逐渐以其超人的才华和能力得到唐太宗李世民的信任。有一次唐太宗问孔颖达说：“《论语》中说‘有才能的请教于没有才能的，知识多的请教于知识少的，有好像无，实好像虚’，说的是什么意思?”（《旧唐书·孔颖达传》：“《论语》云‘以能问于不能，以多问于寡，有若无，实若虚’，何谓也?”）孔颖达回答说：“圣人推行教化，是使人因为谦让而更有光辉。自己虽然有才行，不骄傲自大，向没有才能的请教自己做不到的事；自己的知识虽然多，却不以此满足，仍然向知识少的请教自己没有掌握的知识；也就是说，有知识和能力的人却像没有的人那样，充实的人却像空虚的人那样，总是谦虚好学。不仅仅普通人要这么做，帝王也应该一样，要使自己内心蕴藏神明与智慧，外表却表现得沉静无为，让别人感到高深不可测度。故而《易经》也说以蒙养正，以明夷莅众。如果处于尊贵地位的人，总是炫耀聪明，凭借势力欺压人，掩饰自己的错误而不接受别人的建议，那么上级和下级之间就会产生隔阂，君主和大臣之间就会相互背离，这也是自古以来国家灭亡的共同原因。”（“圣人设教，欲人谦光。己虽有能，不自矜大，仍就不能之人求访能事。己之才艺虽多，犹以为少，仍就寡少之人更求所益。己之虽有，其状若无。己之虽实，其容若虚。非唯匹庶，帝王之德，亦当如此。夫帝王内蕴神明，外须玄默，使深不可测，度不可知。《易》称'以蒙养正，以明夷莅众'，若其位居尊极，炫耀聪明，以才凌人，饰非拒谏，则上下情隔，君臣道乖。自古灭亡，莫不由此也。”）唐太宗听完，对孔颖达的回答非常满意。孔颖达一生，最为辉煌的时期是担任国子祭酒，主持祭祀先师的大礼，以及被皇帝任命为太子的老师。而对后世最有影响、最著名的文化功绩是他和颜师古、司马才章、王恭、王琰等人修撰的《五经正义》一百八十卷，其中包括《周易正义》《尚书正义》《毛诗正义》《礼记正义》《春秋左传正义》。

《周易正义》初名《周易义赞》，编纂后由皇帝命名为《周易正义》。孔颖达等编订者认为，王弼写了《周易注》之后，有很多推崇、注释王弼《易》著的书和言论，但多数都是漫无根据、浮泛不经或理解错误的，因此他主张以王弼、韩康伯的注释为原本，进行梳理、注释，弘扬其中的儒家思想。该书编成后，一些学者先后提出了若干编订不当的地方，几经修订之后方才形成定本。

此书编纂完成后即为官方权威本而盛极一时，以至于其他解《易》之说都不被人关注，连影响很大的郑玄之学也都渐渐不为人所知了。这本书之所以能够起到这么大的作用，是因为孔颖达和其他编撰者们在尊重王弼原注的基础上，去掉浮华荒诞的地方，广泛吸取了汉魏南北朝各家学说的优点，在发挥王弼义理易学的精神的同时对其理论进行创造性理解，故而能让人更加信服。

（三）李鼎祚与《周易集解》

可以与孔颖达易学贡献比肩而论的是李鼎祚。李鼎祚生活于唐玄宗、唐肃宗时期，是资州盘石（今四川资中）人。相传李鼎祚和他的兄弟们经常在资州东部的四明山上潜心读书，于是当地人就把他们读书的地方称为读书台。唐玄宗时期，国家发生了安史之乱，李鼎祚向政府和皇帝提出自己治理国家的意见和对整顿动乱的想法，皇帝因此嘉奖他并让他做官，这样就可以让李鼎祚经常为自己出谋划策。在学问上，李鼎祚总是孜孜以求，在混乱的年代仍然不忘搜集整理古代遗书，

周易集解序

叙曰元氣絪氳三才成象神功浹洽八索成形在天則日月運行潤之以風雨在地則山澤通氣鼓之以雷霆至若近取諸身四支百體合其度遠取諸物森羅萬象備其工陰陽不測之謂神一陰一陽之謂道範圍天地而不過曲成萬物而不遺仁者見之以爲仁知者見之以爲知百姓日用而不知君子之道鮮矣斯乃顯諸仁而藏諸用神无方而易無體巍巍蕩蕩難可名焉逮乎天尊地卑君

周易集解序　汲古閣

《周易集解》明代汲古阁本书影

尤其对前代易学更加关注，曾经把采辑梁朝梁元帝、陈朝乐产、唐代吕才的书编订成《连珠明镜式经》十卷，这本书又叫作《连珠集》。唐代宗时，《周易集解》编撰而成，奠定了李鼎祚在中国易学史上的特殊地位。

《周易集解》一书，原本是李鼎祚从唐代及以前易学著作中采集解说妥切的文句附在《周易》的经传之下，以帮助读者更快、更有效地吸取前代易学家的思想，正确理解《周易》的内容。他说："（这本书）采集了流传下来的许多有名有才之人的言论，以帮助理解伏羲、文王、孔子这三位圣人的高深思想。集合了虞翻、荀爽等三十余家，又编入了王弼的遗文、补入郑玄的逸象，把他们按照不同类别陈列，以求切合《周易》文辞的宗旨。"（《周易集解序》："采群贤之遗言，议三圣之幽赜，集虞翻、荀爽三十余家，刊辅嗣之野文，补康成之逸象，各列名义，共契元宗。"）经过统计，李鼎祚所使用的有子夏、孟喜、焦延寿、京房、马融、郑玄等三十多位易学家的解说，还引用了《九家易》《乾凿度》等书籍。在每个章节之下，李鼎祚还对各家易说梳理、评点，提出自己的看法，显示出极高的易学造诣，代表了唐代不同于官方《周易正义》易学之外的研究路径，是唐代继承、推崇汉代易学的代表，也是后人了解李鼎祚易学思想的直接材料。此外，由于经历了东汉到唐初漫长的历史时期，中国历史风云变幻，文化环境十分恶劣，几乎每过一段时间，那些珍贵的书籍和历史文献资料总会由于政治、战争等原因遭到大规模的毁坏，到了宋代就有很多易学家的著作在人间消失了。因此我们现在对隋唐以前易学家思想的了解大都依靠《周易集解》，否则只能停留在某些只言片语的历史记载了。

唐朝是文化极为繁荣的王朝，除了儒家文化之外，佛教和道教也极为兴盛。佛教和道教，经过魏晋南北朝时期的大发展，一度成为唐朝的国教，很受皇帝贵族们的尊崇。佛教与易学的关系，由当初概念的借用，逐步开始在哲学形而上学的层面进行对话。道教的本土性决定了它比佛教与易学的联系更加密切，汉代的象数学理论成为道教炼丹术、天文学、养生学等学说的直接来源和借鉴对象。而以道教理论促进易学发展也成为一种新的动向，晚唐之后的钟离权和陈抟等人直接推动和影响了宋代易学的发展。

第五章　宋代易学

晚唐社会政治更加混乱，各地方割据军阀不受中央节制，最后一代唐朝君主也于公元 907 年被后梁朱温废弃。自此，中原地区先后经历了后梁、后唐、后晋、后汉和后周五个朝代，而河东、江南、岭南、西蜀等地错乱分布了十几个政权，历史上称这一时期为“五代十国”。公元 960 年，后周大将赵匡胤建立宋朝，结束了纷争割据的局面，迎来一个经济、文化、教育、科学兴盛的黄金时代。易学是宋代文教事业中的显学，可以分为北宋易学与南宋易学两个时期。其中北宋易学流派较多，可以分为道学易学、河洛图书易学、先天易学等流派，还有新学王安石、温公学派司马光、蜀学苏轼、关学张载等重要的易学家；南宋时期，朱熹承继二程道学，成为儒学集大成者，其易学也兼容并蓄，吸收图书易学、先天易学等学说，成为南宋易学研究的主流。在学术思想史上，一般将繁盛于两宋的儒学称为“理学”，“理学易”也是两宋易学的重要组成部分。

一、陈抟与北宋易学之开端

后唐长兴年间（930—933），有一个读书人没有考中进士，便从此不再谋求官职，而倾心于游山玩水和道家修炼活动，这个年轻人就是历史上著名的陈抟。

陈抟（871—989），字图南，《宋史》记载他是亳州真源人。他有着惊人的记忆力，读经书、史书、诸子百家文章，只要看过一遍，即可背诵

陈 抟

出来。陈抟喜欢研究《周易》，往往达到手不释卷的痴迷状态。由于道术修炼很高，加上能预知人意，他名声愈来愈大，先后几个君主都接见他，请他出来做官，但都被陈抟拒绝了。陈抟的易学，主要是以《易传·系辞》“天地之数五十有五”与“河出图”之说为基础，提出了名叫“龙图”

的图式，被称为“龙图易”。

后代很多学者都把宋代的几个重要的易学发展脉络归本到陈抟：一条为陈抟传种放，种放传穆修，穆修传周敦颐，周敦颐同时是理学家程颢、程颐两兄弟的老师，“周程之学”肇端于此；一条为陈抟传种放，种放传穆修，穆修传李之才，李之才传邵雍，开启了先天学之统序；第三为陈抟传种放，种放传李溉，李溉传许坚，许坚传范谔昌，范谔昌传刘牧，乃河洛学之渊源。其易学传承如下图所示：

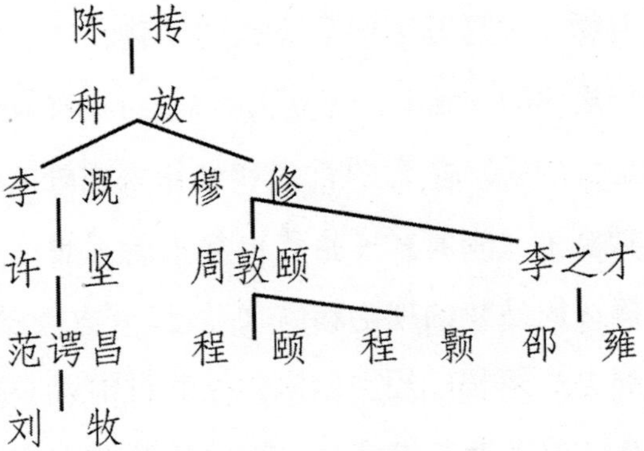

二、道学易与北宋易学群体

（一）周敦颐与《太极图说》

周敦颐（1017—1073），字茂叔，北宋道州营道（今湖南省道县）人。他的易学表现在《太极图说》和《通书》上，前者演绎了太极图的内涵，认为太极是宇宙万物的本源，太极发动而生阳气，安静时产生阴气，阴阳二气生五行，五行生成万物。人是万物中最灵秀的动物，在宇宙万物运行规律的基础上，建立人类社会自身的法则，这便是《周易》蕴含的哲理和最伟大之处。《通书》糅合了《中庸》《易传》等书的思想，进一步发挥《周易》的理论和儒家思想。《太极图说》和《通书》篇幅较短，但宋代及后世学者对其评价很高，被视为宋代易学、哲学的开山大作。周敦颐学养、品德很高，他做官极为负责，深受百

周敦颐

姓拥戴，同时也很善于培养学生。他在南安做官时，程颢、程颐的父亲感到周敦颐气概非凡，治学以探求大道为目的，就与他结为朋友，并让两个儿子跟随周敦颐学习。教学中，周敦颐经常让程氏兄弟思考孔子、颜回一生感到快乐的地方，因为什么而快乐。这种启发式的教育，为中国哲学史、文化史培养了两位极为重要的人物。

（二）程颢易学

程颢（1032—1085），字伯淳，人称明道先生，北宋洛阳（今河南洛阳）人。程颢十五六岁时与弟弟程颐跟随周敦颐学习，耳濡目染周敦颐的高尚品德和以道为归的学问志趣，渐渐厌恶徒然以考试做官为目的的学习方式，毅然以追求宇宙最高道理为志向。他广泛阅读各种书籍，在研究道家、佛家学说数年后，认为还是儒家的“六经”之学最有道理。

程颢认为世界万物是一个有机联系的整体，“天理”是宇宙规律的最高概括，人、事、物无不具足此理，《周易》即是对天理的述说以及对人事关系的概括。程颢易学和其哲学思想融为一体，具有创新的理解、解释。和他的弟弟程颐相比，程颢没有专门的易学著作。

（三）程颐与《程氏易传》

程颐（1033—1107），字正叔，人称伊川先

程 颢

生。在思想上，程颢与程颐都坚持他们自己体贴发明的“天理”说，以“理”为最高范畴。程颐认为，理是万事万物的根源，理是“体”，而事物是“用”。事物与理有显与微、用与体、形而下与形而上之分，但它们根本上又是无法脱离、没有间杂的。人之所生也是禀受了理的缘故。由于理不是完全、直接对人显现，故而人必须穷究事物

程　颐

中的理，经过积累而达到豁然贯通。程颐对此提出了“居敬”“穷理”的主张。“居敬”要求注意外在的容貌举止合乎礼仪规范，自我约束内心的种种欲念；“穷理”强调知与行合一，在一步步研究万事万物之理的基础上，以圣人的境界为目标，严格践行。

据《伊川先生年谱》记载，有一年春天，程

颐给皇帝讲授学业，讲课结束后，皇帝看到窗外的柳树，就起身折断树枝玩耍。程颐对皇帝说，这时候正是春天万物复苏、生长的时节，不可随意摧折树木。这件招惹皇帝生气的有趣事件，说明程颐敢于坚持自己的思想，是一个有原则、操守严谨的思想家。

程颐对自己的学问十分自信，他认为“易”本质上即是随时变易，而变化的依据就是道，遗憾的是自从孔子而后，就没有人能够读懂、解释《周易》和圣人的旨意，因此有必要写一部书阐明己见，即后来的《程氏易传》。这部书注解了卦爻辞和《彖》《象》《文言》，于《系辞》《说卦》《序卦》《杂卦》无解。结合《程氏易传》和其他零散的材料，程颐易学主要可以概括为四个方面：

第一，他认为《周易》表达了天地自然最为显著、复杂的变化规律，但这并不是最高的道本身。阴阳变化仅是一种见之于形的外在表现，起根本作用的是成就阴阳变化背后的终极原因。

第二，程颐指出，《周易》卦辞蕴含吉凶消长、进退存亡的道理，这些道理不是空虚而是实在的，通过推究卦爻文辞即可得出其中变化的规律，易学与易占的问题也就迎刃而解了。

第三，通过考察事物外在层面，洞悉内在微观的道理，并能从整体性的角度把握、认识理与物之间的内在同源关系，会通于知而付诸行，那么就可以说是完全理解、应用了《周易》的文辞。

第四，《程氏易传》注释主要针对《周易》的义理性、思想性，根据《周易》“随时变易以从道”（《程氏易传序》）的特征，使用了灵活的、按照具体卦爻进行解释的方法，突破了前人的解释程式。

这四个方面，总体概括了程颐易学的重要理念和主张。《程氏易传》代表了北宋义理易学的最高水平，它继承了以王弼为代表的义理易学传统，同时转化了王弼道家易学的思想内涵、哲学结构；《程氏易传》贯彻了北宋新儒家的道学思想体系与解读模式，开启了宋明儒门道学易的流派。程颐在一定程度上承认了象数易学的部分方法与思想，但主要的关注点在于社会政治、人事关系、道德伦理层面，人文关怀是程颐易学的突出内容。《程氏易传》深刻表达了宋代以“理”为最高范畴，演绎儒家天人宇宙道德性命之学的理论，是奠定宋代理学易的重要著作。因为二程常在洛阳讲学，他们的学问被人尊称为“洛学”。

程颐易学之所以取得突出成绩，除了他个人的智慧与努力，还和当时北宋一批极富学养、思想的易学研究群体有密切的关系。所以有关程颐的故事还没有完结，但我们的侧重点将集中在他的老师与朋友的易学研究方面。

（四）宋初三先生易学

程颐十八岁时，来到位于都城开封的太学，太学是当时全国最高学府，主管是闻名天下的胡瑗。胡瑗（993—1059），字翼之，泰州海陵（今江苏如皋）人。他自幼就很聪明，七岁时就能写出好的文章，十三岁时对儒家的“五经”即已通晓，时常以圣贤之人的品行要求自己。为了求学，他到泰山拜师，与孙复、石介等人一同学习。胡瑗学习十分用功，常常废寝忘食，刻苦读书达十年之久却连家也没回去一次。每当收到家里寄给他的信件，他只要看到上面有“平安”两字，知道家中一切都好时，就把信扔到山涧之中，之所以这样，是怕知道家里的具体事情会扰乱他专心读书的意志。此后，他就在吴中一带教书四十余年，但并不为人所知。有一年，朝廷有意要改定官方的雅乐，征求对音律熟悉精通的人才，于是范仲淹向皇帝推荐了胡瑗。胡瑗以普通百姓的身份得到皇帝的接见，这样才一步步得以展示才华，最后成为太学的主管。

胡瑗的易学主要体现在《周易口义》一书。他提倡儒家经学，主张以王弼义理易学为研究宗旨，被称为宋初的易学大家。程颐对学生说：“读《周易》应当先读王弼、胡瑗、王安石三家的著作。”（《与金堂谢湜书》：“《易》当先读王弼、胡瑗、王安石三家。”）因为对北宋的经学复兴和儒

胡　瑗

家学统的巨大贡献，他与当时的孙复、石介被人尊奉为“宋初三先生”。

孙复（992—1057），字明复，北宋晋州平阳（今山西临汾）人，曾与胡瑗一同在泰山学习，也对《周易》深有研究。

石介（1005—1045），字守道，北宋兖州奉符

（今山东泰安东南）人。早年跟从孙复学习经学。他研究易学以义理为宗，探寻《周易》大义，著有《易解》《易口义》。

胡瑗、孙复、石介三先生易学的共同特点，是反对汉代象数学的研究方法和道家易学的解读方式，主张从社会政治、道德伦理、历史人事的角度去理解《周易》，认为易学首先是圣人谈论天道、指导人们行为活动，尤其是治理国家、规范道德伦理的学问。

（五）范仲淹与《易义》

赏识胡瑗、孙复二人才华，对他们起过很大帮助作用的是范仲淹。

范仲淹（989—1052），字希文，是中国著名的历史文化名人。他年少“划粥而食”、刻苦读书的故事是学坛佳话，后来写了名篇《岳阳楼记》传诵千古，表达了一种以天下为己任的高度责任感、使命感。范仲淹为官期间，积极推进政治、经济、军事、文化改革，积极发现人才、任用人才，促进了北宋政治、经济、文化的繁荣，故而

范仲淹

范仲淹以卓越的政治、军事、文学才能和渊博的学问以及宽广博大的胸怀为后人所敬仰。

范仲淹本人也很擅长《周易》，著有《易义》一书。该书篇幅短小，只解析了二十七个卦的大义，基本上不对卦、爻辞做具体释读；内容上多为哲学性的思想阐述和对社会政治与历史的思考。他主张易学是关于天、地、人的学问，穷神知化是人理解、认识世界的主要方式，而元亨利贞则是人伦道德的准则和国家教化的原则。《易义》成书较早，其关注易义、发挥意蕴的做法影响到很多人，包括范仲淹当时推荐的胡瑗。除了胡瑗以外，范仲淹还推荐、支持、培养了很多德才兼备之人，其中在易学上也很有成就的有孙复、李觏、刘牧、张载等。

（六）欧阳修与《易童子问》

欧阳修（1007—1072），字永叔，号醉翁、六一居士，吉州永丰（今江西吉安）人。他是北宋时期重要的文学家、史学家，也是范仲淹的朋友。他担任过重要职位，但影响最为显著的是他发起了一场“古文运动”，成为名副其实的文坛领袖。欧阳修反对当时辞藻华丽、言之无物、献媚政治的文章风气，认为“文以明道”，强调文章要做到内容充实、有思想性。此外他认为当时史书修纂徒陈史料，缺乏像孔子作《春秋》那样有褒贬的历史批判精神，于是撰写了一部《新五代史》。

欧阳修的文化批判精神影响到他对《周易》的看法。他的易学代表作《易童子问》在形式上

欧阳修

采用了和学易的孩童一问一答的方式解释《周易》；认为《周易》是一部推阐天地以及万事万物道理的书，主旨是对人的行为活动起到指导、规范的效果，而不能把它作为占卜之用书。他指出《易传》之中的《系辞》《文言》《说卦》《序卦》《杂卦》五篇，内容有自相矛盾、文辞重复、叙述杂乱等问题，认为这些是后人杂取材料拼凑起来的，虽然文中引用了很多孔子的话，但并不是孔子本人所作，因此要明辨传文的是非真假。欧阳修怀疑《易传》非孔子所作，可谓发前人之未发，引起了当时乃至后世很多围绕《易传》作者的争论。欧阳修在文学上主张“文以明道”，在史学上强调批判精神，在经学上提倡大胆疑古，显示了北宋时期对文化的精神性、思想性、批判性的取向与要求。

（七）苏轼与《东坡易传》

苏轼（1037—1101），字子瞻，号东坡居士，眉州眉山（今四川眉山）人。他是北宋著名的学者、文学家，精通诗词文赋、书法绘画，对易学也极其重视并颇有研究。历史上流传的《东坡易传》，虽以东坡为名，但实际上是苏轼根据其父苏洵的遗作续写而成的，并且还有一些苏洵、苏辙（苏轼的弟弟）、苏轼三人共同讨论的内容，因而可以说是三苏易学的集合之作。

《东坡易传》有三个比较鲜明的特点：

第一，苏轼父子三人皆是当时著名的文人、学者，其易学作为家传之学，有着比较开阔的研

苏 轼

究视野和思想理论。往往以易学理论讨论文学现象、历史事件，有许多独特之处。

第二，东坡易学不仅包含了一些儒家的思想内容，同时也融佛教思想于一体，具有文化互通、儒佛融合的特色。

第三，《东坡易传》在历史上被认为是接近王弼易学的一部易学著作，而其实东坡易学的理论更多讨论人事、历史、政治等内容，因此多切实之语，而非泛泛之论。

从北宋学术的几个群体而言，三苏易学所代表的是“蜀学”，具有儒释道三家合流的思想特色、文化主张，与当时程颐、程颢的“洛学”，王安石的“新学”以及司马光的学术均名重一时，影响深远。

（八）司马光与《温公易说》

司马光（1019—1086），字君实，陕州夏县（今山西夏县）人。他也是大学问家，精通史学、易学，著有《温公易说》。

司马光主张以义理治易，认为王弼以老、庄道家思想解释《周易》的做法背离了《周易》的宗旨。由于受到扬雄等人的影响，司马光把“虚”作为万物之源，并写了《潜虚》一书。司马光及其后学被后人尊称为“温公学派”。

司马光

易学上与胡瑗一样出名的王安石是司马光的政敌，同时也是文章的大家。他试图用五行说解释宇宙万物的生成与变化。其研究《周易》的方法是以义理为宗旨，反对象数学，多以字义解释《周易》，写有《易解》一书。可惜这本书没有流传下来。王安石的学问被人尊称为“新学”。

（九）张载与《横渠易说》

张载（1020—1077），生于北宋长安（今陕西

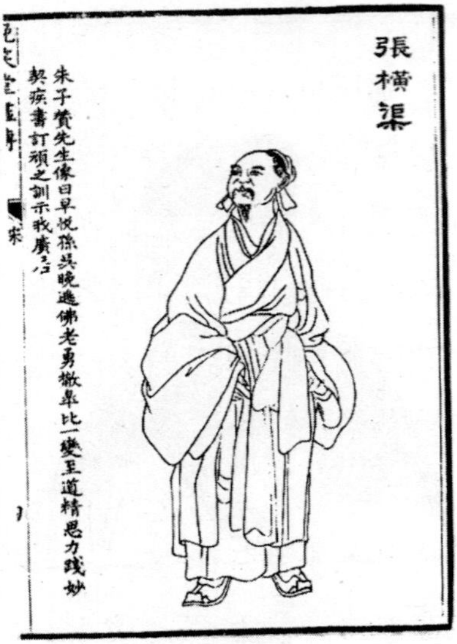

张　载

西安），后居住陕西凤翔郿县横渠镇，故而人们尊称他为“横渠先生”，尊称他的学问为“关学”。

在北宋都城，张载曾经坐在老虎皮做的讲席上为众人讲解《易经》，跟随他听讲的人很多。一天傍晚，程颢、程颐也来到讲学的地方，与张载一起讨论《易经》。第二天，张载便把讲座撤了下来，停止讲学，他对人说：“近来见到程氏兄弟，他们对《周易》中的道义理解得很高深，是我所没有达到的，你们可以拜他们为老师继续学习。”（《横渠先生行状》：“二程深明《易》道，吾所不及，汝辈可师之。”）自此以后，张载经常和二程切磋学问，在担任政府官职的同时，更加用功读书，有时半夜起床继续思考、学习，在烛光下写作。最后，张载经过努力，成为关中一带著名的儒学大师，“为天地立心，为生民立命，为往圣继绝学，为万世开太平”四句箴言，代表了他学问与人生的最高追求，也是古今相传的名言。《横渠易说》是张载解《易》的名著，他在书中探讨了宇宙人生的哲理，认为宇宙是无形之气充塞的实体，天地万物都是气聚散变化而形成的。

以上所说的胡瑗、司马光、王安石，都是在易学上有独到建树的著名学者，他们也都比较赞赏程颢和程颐，尽管他们的学问观点、政治倾向有所不同。程颐兄弟的易学和其学问追求一样，反对象数派的烦琐，主张探寻《周易》的哲理和天地人物之规律，在胡瑗提倡王弼义理易学的基础上指出王弼易学的本质是老庄道家思想，必须使《周易》回到儒家“天理”之学的框架之内。

三、邵雍与先天易学

与二程兄弟、司马光同在洛阳居住的还有一位著名学者，他和周敦颐、程颢、程颐、张载因学问上的影响而被人并称为“北宋五子”，此人即是邵雍。

邵雍（1011—1077），字尧夫。祖先是范阳（今河北涿州）人，后迁居共城（今河南辉县）。史书上说，邵雍年少的时候，有很高远的理想，梦想将来成就一番丰功伟绩。后来他却不愿意做官，只是以种地为生，并给自己的住处取名叫“安乐窝”。邵雍对于书籍没有不读的，刻苦地做学问，曾越过黄河、汾水，到淮水、汉江一带，

邵　雍

在春秋战国的齐、鲁、宋、郑这些古国遗址游学了很久，说："所有的学问都在我这里了。"（《宋史·邵雍传》："道在是矣。"）从此不再出去。易学家李之才是共城县令，他听说邵雍好学，就到邵雍的住处拜访。当听说邵雍对于各种书籍都很熟悉，便说："你学习过天地物理方面的知识吗？听说过道德性命的学问吗？"（"子亦闻物理性命之学乎？"）邵雍回答说："我很荣幸地愿意听您的教诲。"（"幸受教。"）于是跟随李之才学习

《周易》。

李之才，字挺之，北宋青州（今山东益都）人，师从穆修学习象数易学，认为“卦变”是研究《周易》和理解《彖辞》来源的根本，著有《变卦反对图》和《六十四卦相生图》。

先天八卦图

邵雍在李之才的培养下，通过一番学习领悟，通晓了天地运行变化、阴阳二气的增加与减少、时间久远的古代到现在的社会变化，以及事物的性情特征、变化与发展的诸多道理，掌握了推算、预测的学问，与易学相关的著作有《皇极经世书》等。

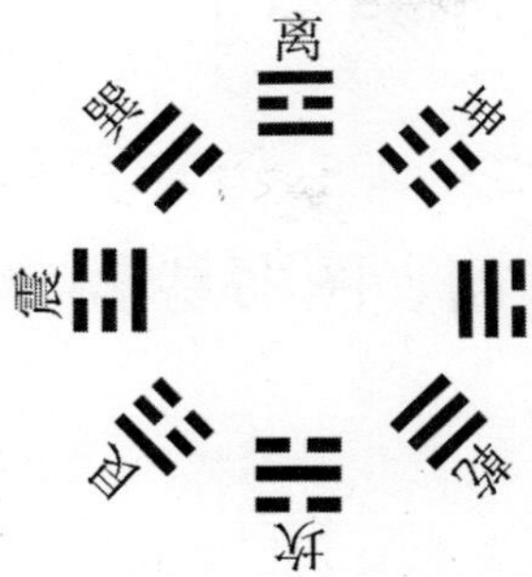

后天八卦图

邵雍是中国古代易学史上的又一传奇人物，其易学的最大特色是建立了一种融合宇宙、历史理论为一体的谱系、图式，运思宏大，包举宇宙，可以概括为四大范畴：第一，先天易学。先天易学根据的是八卦的先天图，据说传自陈抟。邵雍认为太极是宇宙的本体，是天地之始。第二，后天易学。第三，“合一衍万”的宇宙法则。第四，“元会运世”的历史谱系。

邵雍易学在宋代影响极大，对后世影响深远。大学者朱熹曾吸取邵雍易学的体系、观念与方法，将之与理学易结合。南宋朱元升、张行成、王湜等学者也都对邵雍有过专门的研究。

四、图书易学

陈抟后学中，最有名气和影响力的是刘牧。刘牧（1011—1064），字长民，或字先之，北宋彭城（今江苏铜山）人。刘牧曾学于陈抟三传弟子范谔昌，他以陈抟的“龙图易”说为基础，结合《周易·系辞》与九宫图、五行说等内容，将之转变为“河图”“洛书”两种易学图式；认为这两种图都与大衍之数五十相符合，河图之数减去五为隐而不显，洛书之数增加五为藏而不用。由于他的易学以阐释、推算河图、洛书为主要内容，故而称之为“河洛之学”。刘牧著有《新注周易》《卦德通论》《周易先儒遗论九事》《易数钩隐图》等书。

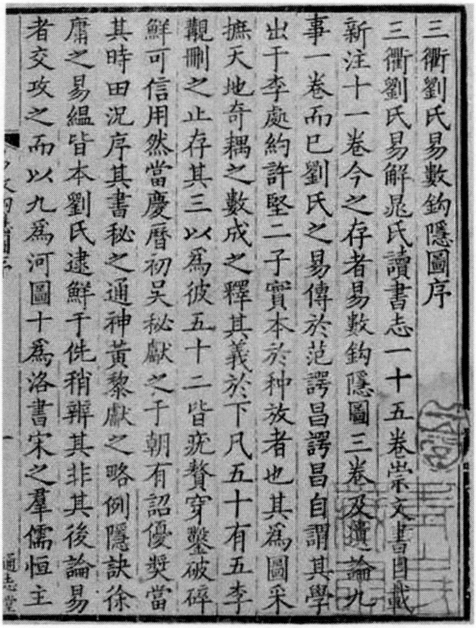

三衢劉氏易數鈎隱圖序
三衢劉氏易解晁氏讀書志一十五卷崇文書目載新注十一卷今之存者易數鈎隱圖三卷及遺論九事一卷而已劉氏之易傳於范諤昌諤昌自謂其學出于李處約許堅二子實本於种放者也其爲圖采摭天地奇耦之數成之釋其義於下凡五十有五李覯刪之止存其三以爲彼五十二皆疣贅穿鑿破碎鮮可信用然當慶曆初吳秘獻之于朝有詔優奬當其時田況序其書秘之通神黃黎獻之略例隱訣徐庸之易緼皆本劉氏逮鮮于侁稍辯其非其後論易者交攻之而以九爲河圖十爲洛書宋之羣儒恒主

《易数钩隐图》清通志堂本书影

刘牧易学在当时比较有名气，而李觏不同意他的观点。李觏（1009—1059），字泰伯，北宋建昌军南城（今江西南城）人。学成之后以教书为生，学生有数百人之多。后来由范仲淹推荐，担任太学助教、太学说书等职。他主张易学的研究内容是阐扬义理，反对神仙方术、巫医卜相、图谶五行、鬼神迷信等等。他还写了《易论》来反驳刘牧的错误，并在《删定易图序论》中指出刘牧《易数钩隐图》类同的内容较多，实质内容仅河图、洛书、八卦而已。

五、程门易学群体

中国文化思想史、教育史上，如程颢、程颐兄弟高格独标者或有二三，而论程氏兄弟之门人与后世影响，则流泽枝庶，绵延遍布，历史地位或许仅在孔孟之后。

（一）程门四先生、尹焞易学

程颢、程颐生前学问大明于世，受到当时很多学者的推崇、认可。虽然程颐晚年也遭到了政治打击，但他的学说始终传承不息，这主要归功于他的优秀门生，如“程门四先生”——谢良佐、杨时、游酢、吕大临，以及尹焞等人。

谢良佐（1050—1103），字显道，北宋上蔡（今河南汝南）人。先后跟随程颢、程颐学习，在延续二程思想基础上有自己的发明，没有单独的易学著作，关于易学问题的观点和见解散见于《上蔡先生语录》。

杨时（1053—1135），字行可、中立，北宋南剑将乐（今属福建）人。他倾心于程颢、程颐的学问，潜心学习，努力传播老师的思想。程颐晚年还不断对《程氏易传》进行修改，生前未能完成并刊刻问世。杨时便对老师著作中有问题的地方加以整理，校订后的《程氏易传》才得以刊刻并广为流传。杨时写过《易说》，今已散佚。他的另一功绩是把二程的学问传播到福建一带，开启了“闽学”先河。

游酢（1053—1123），字定夫，北宋建州建阳（今福建建阳）人，他求学于二程，著有《易说》一卷。

吕大临（1046—1092），字与叔，陕西蓝田人。他早年师从张载，后转入二程门下，著述颇丰，其中易学著作有《易章句》与《大易图象传》。

尹焞（1071—1142），字彦明、德充，河南洛阳人。他是程颐晚年的得意弟子，大力弘扬老师的思想，极为推崇程颐易学，认为学习《程氏易传》就足够了解程颐的学问。

总之，程门四先生以及尹焞，这些人或整理程颐易学著作，或遵从程颐思想著书立说，同时还继续影响自己的学生以及其他学者，由此逐渐形成宗派鲜明的易学研究群体，如朱震、郭雍、项安世、杨万里等人。

（二）朱震与《汉上易传》

朱震（1072—1138），字子发，学者称汉上先生，南宋荆门军（今湖北荆门）人。他与程门四弟子中的谢良佐、杨时、游酢过从甚密，又以胡安国为友，可以说是程颐的私淑弟子。

朱震经学深醇，尤精易学。他解易以《程氏易传》为宗，和会邵雍、张载之论，上采汉魏两晋，下逮唐宋，包罗异同，成为集采众学之长的

朱 震

易学家。在方法上，他既宗象数之学，又能用之以解释程颐、张载等义理易学的内容，在宋易中独树一帜。朱震还兼治易学史，通过梳理史料，对汉唐以来的易学流派及宋代易学发展，尤其对象数学做了系统的探讨。因此，他的易学对后人研究汉代易学及图书学派有着重要影响。朱震著有《汉上易传》《周易卦图》《周易丛说》等多种易学著作。

（三）杨万里与《诚斋易传》

杨万里（1127—1206），字廷秀，号诚斋，南宋吉州吉水（今江西吉安）人，绍兴二十四年（1154）进士。他擅长作诗，与尤袤、范成大、陆游齐名，历史上称为“南宋四家”。

杨万里

杨万里也善解《周易》，曾以二十年的精力为《易》作传，著有《诚斋易传》，奠定了“史学易”的研究方法，后世称为“史事派”易学。不过，其易学仍属于义理易学，在解释卦爻象和卦爻辞等方面，皆以《程氏易传》的体例为依据，不涉及图书学；在论述、解说过程中，其最大特征是引史证经，通过历史事件、历史材料来解释《周易》卦爻辞及其所蕴含的道理。他认为《易》是谈人事变化法则之书，治易的目的应是把握人事得失、社会治乱的规律，而不是空谈理、心、天道。此说在当时甚为可贵，一定程度上纠正了当时学人治学空疏不实的风气。他的易学著述曾名重一时，在宋代曾与《程氏易传》合刊行世，称之为《程杨易传》。

六、南宋朱熹易学群体

1126年靖康之变，金国攻陷北宋都城汴京，社会动荡不安，北宋中期文化繁盛的时代随之结束，历史又将步入下一篇章。1127年，南宋建立，都城迁至浙江临安，开始着意经营南方地区，抵抗北方金国入侵。至1279年南宋灭亡，虽然其政治因循不前，内乱不止，军事失利，但江南地区经济得以开发，海外贸易极为频繁，文化发展进入另一个繁荣时期。易学研究也随着朱熹建立的完善理学架构而迈入朱熹时代。

（一）朱熹易学

朱熹（1130—1200），字元晦，生于南剑州尤溪（今福建尤溪）。早年在父亲朱松教育下接受儒学，但也对佛教很有兴趣。后师从刘勉之、刘子翚、胡宪三位老师。他们都推崇程颐易学，对朱

朱　熹

熹进行了严格的经史教育。对朱熹产生重要影响的还有两位重要的老师：一为李侗（李侗师从罗从彦，罗师从杨时，杨时师从二程），一为胡宏（胡宏师从胡安国，胡安国师从谢良佐，谢良佐师从程颐）。他们学问虽各有侧重，却都在传承、发挥二程为代表的理学思想。朱熹继承、发展了二程学派的学术思想，对当时颇有影响的张载之关学、邵雍之先天学、司马光之学进行整合与更新，最终形成自己庞大的思想体系，对当时及后世都产生了巨大的影响。

朱熹延续二程关于“理”的思想，把“理”作为形而上的最根本存在，所有客观事物表象乃至人事关系都是建立在“理”的基础之上，连张载所推崇的“气”对于理也是处于第二性的地位。理与万事万物的关系集中表达在朱熹“理一分殊”的命题之中，即人事物等纷繁多样、各不相同，但都以一个最基本的、抽象的理为存在依据，这内在的理在具体事物上的表现却不尽相同，具有差异性。

就人之本性而言也是如此，人心具有思维意识的活动能力，其未发动的中和状态是性，而形成喜、怒、哀、乐等具体表现的则是情。为了不使人心昏乱、受制于情而保持中正平和的状态，朱熹提出要让内心常处于敬畏警醒、收敛向内的专一状态，同时保持清明的心境，涵养性体。

朱熹秉承程颐“格物穷理”思想，认为最高的理是抽象的，而人有知觉认识能力，可以通过对人与具体事物、关系的研究与积累，最后达到一种豁然贯通的状态。基于此，朱熹提出在获得认知结果之后，人才能去展开行为活动，才会最大限度地付诸实施；人的知觉意识如果从内在探寻义理之道的角度而言是道心，是“存天理”，但如果从外在耳目欲望出发，有导致恶性后果的危险，故而需要排除人欲干扰，即“灭人欲”。

朱熹的易学著作，有《周易本义》《易学启蒙》《周易参同契考异》《朱文公易说》《太极图说解》《通书解》等。他汲取了很多易学门派的思想、方法，并从其哲学理论的高度予以统合、创造，建立了以太极为最高范畴的易学体系。

朱熹主张，要从历史的角度辩证看待伏羲、文王、周公、孔子的易学，他们有画卦、作卦辞、作爻辞、写《易传》之别，内容不同，贡献不一，但画卦、系辞、作传三者同是对易理的表达，具有内在一致性。这种一致性还表现在《周易》的功能上，即作为卜筮之用书，朱熹认为还原历史真实面貌是解读《周易》本义的前提，并且有助于对其进行理性认知与思想性的理解。《周易本

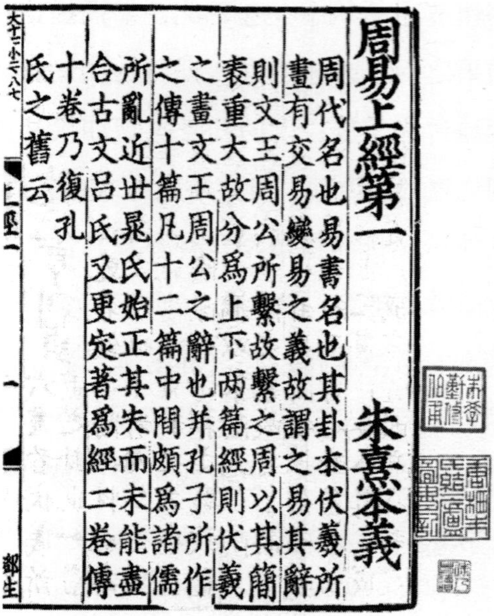
周易上經第一　朱熹本義

周代名也易書名也其卦本伏羲所畫有交易變易之義故謂之易其辭則文王周公所繫故繫之周以其簡袠重大故分爲上下兩篇經則伏羲之畫文王周公之辭也并孔子所作之傳十篇凡十二篇中間頗爲諸儒所亂近世晁氏始正其失而未能盡合古文吕氏又更定著爲經二卷傳十卷乃復孔氏之舊云

《周易本义》中华再造善本影印南宋吴革本书影

义》即是在此基础上阐明经传本来意蕴的著作。

为了尽可能完善对《周易》内容的认识，朱熹在坚持程颐义理易学的同时，还积极吸收了象数易学内容，尤其是将周敦颐《太极图说》、邵雍先天易学、河洛图书易学融为一体，认为易学的最高范畴是太极，阴阳、八卦、河图、洛书的不同演绎形式正是对天地事物之规律的模拟、再现。因此，朱熹专门以《易学启蒙》集中表达他对象数的理解。朱熹的做法是对程颐易学过于排斥象数的纠偏，也是对当时从义理阐发《周易》出现凿空、无根据臆测现象的扭转。

朱熹易学与其整体理学思想是一体同构之关系，他对《周易》经传的释读、理解无法脱离其宏观的理学思考框架，受制于他本人的学术背景、学问特点与精神主旨。另一方面，《周易》一书不同于“四书”以及其他儒家经典，在中国古典学术系统中占有重要地位。易学包含了对宇宙存在形式、运行模式、内在关系的知识积累与框架建构，以及对人本身与其所处环境关系的深刻理解，因而它是朱熹证实自身理学观点和充实、丰富其思想内容的必然选择。进一步说，朱熹本人的学习、思考也无法脱离易学的学术背景，并从一开始就接受、自觉使用了易学的有效形式与合理内容。

（二）朱熹学派易学

朱熹的学术思想在生前就得到很多学者认可、推崇，跟随他学习的学生众多，先后达五百余人。朱熹常与学生当面或书信讨论易学问题，推动了理学与易学的双向互动，理学易随之成为易学研究的主流。

蔡元定（1135—1198），字季通，人称西山先生，南宋建州建阳（今福建建阳）人。他师从朱熹数十年。蔡元定学问渊博，常与朱熹讨论学术问题，协助朱熹撰写《易学启蒙》《周易本义》等多部著作。易学是蔡元定家传之学，他擅长象数学，在演绎河图、洛书以及邵雍易学方面颇有心得。而后，他服膺朱熹义理易学，在朱熹的指导下积极开展理学义理与象数易学的研究，扩大了朱熹易学、理学易学的影响。此外，蔡元定对邵雍《皇极经世》、扬雄《太玄》、司马光《潜虚》很有见解，撰写了《皇极经世指要》《太玄潜虚指要》。

蔡渊、蔡沈也随同父亲蔡元定研究《周易》，他们直接开启了元代易学研究。

蔡渊（1156—1236），字伯静，蔡元定长子。师从朱熹，潜心研究易学，著有《周易经传训解》《易象意言》《卦爻辞旨》《大传易说》《象数余论》《古易叶韵》等。蔡渊易学，阐发义理方面多遵循老师朱熹的观点，极为熟悉易学象数之道，能弥补朱熹所没有论及或有失准确的地方。

蔡沈（1167—1230），字仲默，人称九峰先生，蔡元定第三子。易学上继承了蔡元定、朱熹的象数学，并以邵雍的先天学对《尚书·洪范》进行解释，提出“河偶洛奇”，把洛书的图式特点与《洪范》“九畴”之说联系起来，开创出一套推演《洪范》之数的方法，这个发明对后世《尚书·洪范》研究影响深远。蔡沈易学著作有《洪范皇极》《蔡九峰筮法》。

陈淳（1154—1218），字安卿，人称北溪先生，南宋漳州龙溪（今福建龙海）人。师从朱熹，以义理贯通经学、文字学，著有《周易讲义》。他重视对《周易》义理的发挥，尤为重视朱熹太极说在易学中的地位；认为从本质上说，太极是混沦无际、贯通本末终始的最高范畴。

朱熹的再传弟子，也有很多推崇朱熹学术并在易学上多有创作之人，如吕大圭、董楷、黄震等人。他们的易学多以朱熹易学为依归，发明创见较少，不过有一个重要趋势，即欲弥合程颐与朱熹之间的裂缝，将二者易学做综合研究。这方面做得比较彻底的是董楷。

董楷，字正叔、正翁，南宋台州临海人。他受业于朱熹弟子陈器之，在易学研究方面推崇程颐、朱熹，主张把程颐、朱熹易学思想融为一体。因此他将朱熹《周易本义》的内容割裂分别附在程颐《程氏易传》之后，再辑以程、朱二人的其他易学观点，编纂成《周易传义附录》。这种做法有方便学者的作用，但也被后世学者严厉批评，认为是割裂朱熹《周易本义》的始作俑者。不过董楷的做法是要会通程颐、朱熹，在易学上消除两位宗师的差异，维护儒门的一统性，也意在纠正朱熹之后的学者忽视、非议程颐易学的做法。

七、南宋其他重要易学家及其研究

南宋时期，与朱熹闽学相与并立的还有很多学术流派。他们之间与朱熹学派有很多交流、辩论，其易学研究同样具有突破或特色，极大地丰富、活跃和推动了南宋易学研究。其中包括以张栻为代表的湖湘学派易学，以吕祖谦为代表的古易五家，以陆九渊、杨简为代表的心学易学，以薛季宣、叶适为代表的永嘉学派易学和别具特色的道教易学。

（一）张栻易学

张栻（1133—1180），字敬夫、乐斋，人称南轩先生，南宋汉州绵竹人。张栻师从理学家胡宏，学问推崇周敦颐、程颐为代表的理学，是湖湘学派的代表人物。张栻是朱熹的好朋友，二人常以书信讨论包括易学在内的各种学术问题。张栻发

张　栻

挥周敦颐关于“太极”的论述，把太极作为最高哲学范畴。他认为太极流行天地之间，贯通古今，推动阴阳二气运动以形成万物，因此太极是人与万物之根本。张栻易学的显著特点是纯以儒家的学术视野、立场来解读《周易》，排斥佛教、道教、道家的学问，著有《南轩易说》。张栻、朱熹、吕祖谦被誉为“东南三贤”。

吕祖谦

（二）吕祖谦易学

吕祖谦（1137—1181），字伯恭，人称东莱先生，南宋婺州（今浙江金华）人。他幼承家学，同当时很多著名学者都有密切交往，与朱熹关系尤为密切。吕祖谦对经学、史学都有研究，易学也受到史学观念影响，力求恢复古《周易》的原始面貌，为宋代“古易五家”之一。在晁说之的基础之上，吕祖谦将《周易》篇次定为上经、下经、《彖》上、《彖》下、《象》上、《象》下、《系辞》上、《系辞》下、《文言》、《说卦》、《序卦》、《杂卦》等十二卷。这一做法得到朱熹的赞同，并将之作为《周易本义》的底本。吕祖谦还采集历史上对《周易》所作的音训材料，编订《古易音训》。他的其他易学思想主要集中在《东莱易说》《读易纪闻》二书中，特点在于吸收永嘉学派陈傅良、叶适等人经世致用的思想，将易学与历史、现实问题结合起来综合阐述，以求对世道人心有实际帮助。吕祖谦与朱熹不同，比较赞同陆九渊的“心学”思想，认为人心与易理不容分开，心外无道，道外无心。

（三）陆九渊、杨简心学易

南宋儒家学术发展除了朱熹一脉外，还有一个异乎朱熹理学，与之形成学术对峙的易学流派——陆九渊的心学易。朱子在世时，两派就展开极为激烈的辩论，陆氏心学尽管没有占据主导地位，但终究别出新意，为易学史增添了新内容、

像静子陸

陆九渊

新气象。

陆九渊（1139—1193），字子静，人称象山先生，南宋抚州金溪人。陆九渊与兄陆九韶、陆九龄合称“三陆”。陆九渊自承家学，受程颢、程颐影响甚大，但开启了和朱熹理学路向不同的“心学”一脉，后世将二人合称“朱陆之学”。陆九渊主张，“心”是宇宙本原，认为宇宙便是吾心，吾心即是宇宙，心是认识与实践活动的根本。基于此，他提出圣人之心是《周易》成书之根源，易理与人心一本同源。他认为《周易》是存心明理、表达圣人心思学问之书，所以不赞同以象数之法解释。经过杨简的发展，陆九渊的心学派易学逐渐体系化，成为易学研究的重要派别。

杨简（1141—1226），字敬仲，人称慈湖先生，南宋慈溪（今浙江慈溪）人。他学识渊博，后与陆九渊亦师亦友，关系密切。杨简综合了程颐易学与陆九渊心学，提出“人心即道”的观点，并以心学的基本观念贯彻于解释《周易》经传的过程之中，弥补了陆九渊易学零散、不全面的缺憾。杨简所著《杨氏易传》《己易》《易学启蔽》是心学易学的奠基之作，也是心学易学解释体系形成的重要标志。

继杨简之后，从心学立场解释、发挥《周易》的还有王宗传的《童溪易传》。这部书认为人心具有灵妙之用，正如天地变化造始万物，其中深刻的道理都备于易道之中，只要善事人心、合乎天道，即是遵守了易学昭示之理。王宗传易学与陆九渊、杨简心学易有所不同，一方面反对象数派及其他易学家的思想，一方面又广泛引用了很多易学家的观点，一定程度上背离了心学的基本理念。根本而言，心学在此时发展还很有限，直到明代王阳明学派兴起，这一学派才走向成熟，心学易才随之绽放光彩。

（四）永嘉学派易学

薛季宣（1134—1173），字士龙，南宋永嘉（今浙江温州）人。薛季宣著有《古文周易》《河图洛书辨》。他重视易学中的“变通”思想，将其与政治观念结合，为政治改革做理论论证；还认为河图、洛书是古代的地图，是推动天地运动的宝器，对后世图书研究影响很大。薛季宣师从程颐弟子袁溉，受理学影响，但反对空谈义理性命问题，重视经世致用的实际效果。这一学术路向经其弟子陈傅良传至叶适，形成了南宋著名的“永嘉学派”。

叶适（1150—1223），字正则，人称水心先生，南宋温州永嘉人。他赞同欧阳修对《易传》作者问题的质疑，认为除了《彖》《象》之外，

叶　适

其他都不是孔子所作，表现出重视义理、考证的易学研究特点。从历史事实与现实之用的角度，叶适不赞同三圣作《易》之说，尤其反对把《周易》作为卜筮之书看待，意在突出易理对国家政治、个人修身的指导作用。叶适学问精深，在哲学、史学、文学、政治理论等方面皆有著述，是“永嘉学派”的集大成者。

八、道教易学

儒家常把《周易》视为自己的经典，而《周易》的实际地位不限于此，它在中国整个古典学术中都占有重要位置。道家、道教也有自己的易学研究，且历史由来已久，发展到宋代，最显著的例子就是陈抟，他曾在华山归隐山林，当了很多年的道士。周敦颐的易学也具有很多吸纳道家、道教思想的部分。道教易学是易学研究历史的重要组成部分。

郝大通（1149—1212），名璘，字太古，号恬然子，自称太古道人，法名大通。他生活在与南宋政权对立的金朝，师从全真教的开创者王重阳。他精通《周易》，归入道教以后，十分重视易学理论和道教理论的融合、会通，自创了一套道教易学的体系。他的著作《太古集》卷一是《周易参同契简要》及《释义》，卷二、卷三是易学图像三十三幅及其释义。郝大通道教易学有两个主要特点：一是易学天道论，注重从道教宇宙论出发，结合易学宇宙论，探讨宇宙起源、天地万物生成与运行规律，为道教修炼、炼丹活动提供充分的理论依据；二是延续《周易参同契》的路径，发挥易学丹道理论，在天道论基础上阐述炼丹是效法天地的活动。这一思想的特点在于，吸收了儒释道三教的心性理论，提出修炼内丹要讲究心法，其要在于修炼心性以及贯通天道获得真性，起到性命双修的作用，达致养命的目的。郝大通是全真教派中易学理论修养最高的道士，他的易学思想是基于道教主旨的进一步丰富、提升、创造，对道教易学的发展贡献极大。

夏元鼎也是一位道教学者。他把道教经典《阴符经》和《周易》结合起来，予以综合阐发，撰写《阴符经讲义》。他认为，《周易》卦、爻及其思想和内丹修炼具有内在联系，易学和道家修身养性思想关系极为密切，以此阐述以道教易学为理论基础的天道论、炼丹论等等。其特点在于，积极借鉴宋代图书易学的理论，将先天说、后天说对应于修炼的不同时期、状态，并以阴阳相分不离的关系讨论内丹修炼方法。

雷思齐生活在宋代之末、元代之初，是宋元之际的道教学者。他道教理论修养深厚，曾多处游学、讲学，也与吴澄等儒学人士关系密切；所著《易图通变》与《易筮通变》主要对宋代图书学加以论证、总结，并对占筮的理论方法进行详细研究。他认为当时的图书之学歧见太多，应该将由陈抟开始，发展至刘牧、李觏、程大昌、朱熹、蔡元定父子直至南宋末期的图书学加以研究、整理，探究图书的真正本旨。他的贡献在于能比较客观地从历史文献中钩稽图书学的发展脉络，对不同学者的图书思想进行辨伪、批判，为后世图书学研究树立良好的典范。雷思齐作为道教学者，能积极会通儒道，并做出实际性贡献，是道教易学象数派的著名人物。

俞琰（1258—1314），字玉吾，人称石涧道人，南宋吴郡（今江苏苏州）人，生活于宋元之际。他是这一时期重要的易学家，以会通儒道、发挥道教内丹学说为主要学术特征。俞琰对程颐、朱熹易学极为推崇，所著《周易集说》《周易参同契发挥》及《释疑》等都受到朱熹很大影响。俞琰在易学史上有比较重要的影响，他的易学有几个突出特点：

第一，能比较公允地吸取儒家易学，尤其是程朱理学易的思想成果。他解释《周易》经传的观点较为平实，切合要旨，对儒家、道家、道教理论的会通有很大帮助。

第二，排斥河洛图书之学。他认为从历史的角度而言，河图之说在《周易》经传中没有明显论述，不是圣人之说，而是汉代儒生们臆测的结果，后世演绎出来的图书之学也多有牵强附会的内容，因此持否定的态度。

第三，他不同意程颐推辞考卦的研究方法，认为易学中义理的阐发不能脱离对易象的考察，否则即使义理说辞看似合理，实际上也违背了经

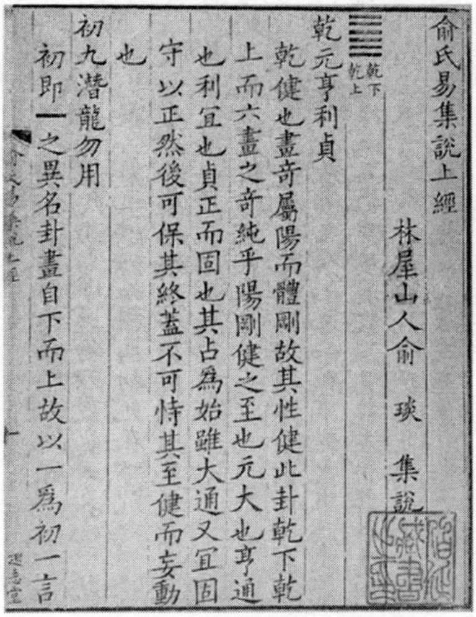

俞氏易集說上經

林屋山人俞　琰　集說

☰ 乾下乾上

乾元亨利貞

乾健也畫奇屬陽而體剛故其性健此卦乾下乾上而六畫之奇純乎陽剛健之至也元大也亨通也利宜也貞正而固也其占爲始雖大通又宜固守以正然後可保其終蓋不可恃其至健而妄動也

初九潛龍勿用

初即一之異名卦畫自下而上故以一爲初一言

《俞氏易集说》清代通志堂本书影

书原本之意。他还不赞同卦变说等象数易学的一些观点，认为是朱熹后来对图书学的提倡，使图书、象数学发展陷入武断、缺乏根据的解读。这一点是俞琰尊朱熹而又不拘泥的表现，在当时推崇朱熹的学者中是很难得的。

第四，俞琰根据道教对人体的认识与修养理论，认为人体自身和自然界的阴阳往来的变化有相合之处，于是按照道教内丹学说并结合易学先天图，提出了人体之象对道家内丹学说进行解释，建立了一套调节身体呼吸、运动规律的养生理论。

道教易学在宋代得到极大推进，其中一个特点是能积极融合其他门派的思想、观点。道教学者在甄别的基础上同自身学说有机融合，催生出新的道教思想。这不仅有益于其自身的学术积累，也极大地促进了易学发展。

第六章　元明易学

元代（1271—1368）在中国历史，乃至世界历史上都显赫一时。1271 年，元世祖忽必烈借《易传》“大哉乾元”之语，改国号为大元。而后元朝消灭南宋，建立起中国历史上第一个由少数民族建立的大一统帝国。朱元璋推翻元朝统治，公元 1368 年称帝，建立了延续 276 年的明朝。公元 1644 年李自成攻占明大都北京，而后清军入主中原，成为明末混乱社会的最终胜利者。

元、明两代的社会文化发展有不同特点。元代由于采取了民族分化政策，加深了民族间的隔阂；政治统治也处于由游牧社会向农耕社会过渡的阶段，故而整体上不如南宋文化思想活跃。不过，元代沿用了南宋科举选拔人才的制度，而且推崇朱熹的学问，将之列为官方之学。这一举措被明、清两代继承，对中国文化产生了无法估量的影响。程颐、朱熹学派成为官方主导的主流学术、意识形态，必然导致文化思想上的裂变、失衡，易学研究也是如此，使得儒门易学一直贯穿整个元朝，势力最大。明代立国时间较长，出现了几段比较兴盛的时期，为经济、文化、思想发展创造了较为良好的社会环境。除了官方的程朱理学外，还有一些致力于反思朱学弊端的思想，出现了王廷相、罗钦顺、王阳明、方以智等重要的思想家，催生出了新的易学内容。这一时期的易学著述、传播超出以往，而思想比前代阐述更多，增加了许多新鲜的要素，因此可以说是易学发展的繁盛时期。

一、元代儒门易学

（一）许衡与《读易私言》

许衡（1209—1281），字仲平，人称鲁斋先生，怀庆河内（今河南焦作）人。许衡被称为朱熹之后的第一人，其贡献在于积极和元朝合作，推动统治阶层重视、学习、吸取中原文化，尤其是以朱熹为代表的理学传统。许衡的易学研究并不占有突出位置，相比同时代学者吴澄，许衡所著《读易私言》篇幅不大，内容大都沿袭了朱熹理学、易学的解释思路，缺乏独特的理论创造，但其意义在于接续了南宋学术传统，提升了理学的官方地位。许衡的学术思想在官方背景之下有着较为广泛的影响。

（二）吴澄与《易纂言》

吴澄（1249—1333），字幼清，人称草庐先

许 衡

生，抚州崇仁（今江西乐安）人。他师从朱熹的再传弟子，崇尚朱熹理学，但也颇为推重陆九渊的思想，故而学术上多近于朱熹，而又折中朱陆两派之说。吴澄主张“理在气中”，“理”主宰“气”；为学至要在于“心”，讲求为学功夫与个人修养。易学也是他极为关注、倾心研究的，曾以四十年时间，四次修改撰著《易纂言》，另著

吴 澄

《易纂言外翼》。

吴澄易学具有理论融贯性。他对朱熹以来的儒家易学进行总结，秉持义理、象数兼综的易学研究路径，进一步解读朱熹“《易》本卜筮之书”（《朱子语类·易》）的内涵，认为卜筮是沟通天道与人道的媒介，可以通过占卜形式探知幽远，达至天道。朱子理学是吴澄阐说易理的思想资源，他借助理学理论进一步讨论易学天地人关系，提出整全的理气关系思想，深化了易学思想内涵。吴澄还认为《周易》文本仅仅采用朱熹推崇的吕祖谦《古周易》本仍然是不够的，因此又对经文辞句进行考订，增删了他经过考察、辨识的内容。吴澄学术视野宽广，经学注疏和学问讲授构成了他学术人生的主要部分。其弟子及再传弟子解观、解蒙、鲍恂、郑闳等在易学上也颇多发明，且基本贯穿了元代易学史。因此后代评价吴澄，说他是元代易学中的巨擘。

（三）胡方平、胡一桂易学

胡方平、胡一桂父子均是元代易学名家。胡方平，字师鲁，宋末元初徽州婺源（今江西婺源）人，朱熹三传弟子。易学著作《易学启蒙通释》，是胡方平沉潜反复二十余年而后写成，着重发明、解释朱熹易学，尤其是朱熹《易学启蒙》一书。该书的最大贡献是纯粹以朱熹《易学启蒙》一书为对象，详细疏通其内容，扩大了朱熹易学的影响，对巩固朱学的学术地位发挥了作用。胡方平的易学直接对儿子胡一桂产生了重要影响。

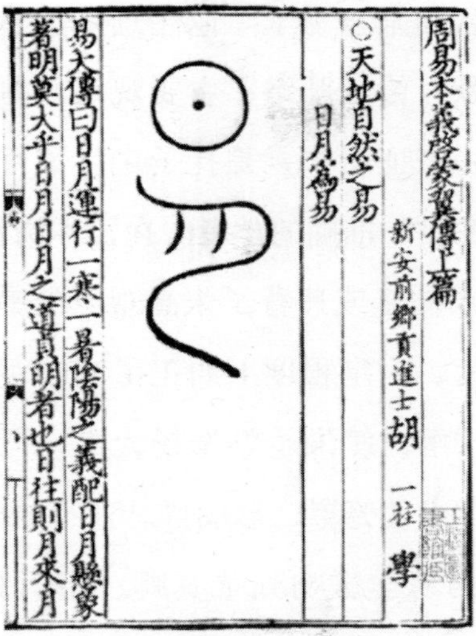
周易本義啓蒙翼傳上篇
新安前鄉貢進士胡一桂學
○天地自然之易
日月為易
易大傳曰日月運行一寒一暑陰陽之義配日月縣象
著明莫大乎日月日月之道貞明者也日往則月來月

《周易本义启蒙翼传》中华再造善本影印元刻本书影

胡一桂（1247—?），字庭芳，学者称双湖先生。他自幼聪明好学，在胡方平的教导下学习易学。年长不仕，常游学访求名师，与朋友谈论学问，而后收集各家易学资料，疏通朱熹易学著作，撰有《易本义附录纂疏》《易学启蒙翼传》。胡一桂和父亲一样，极为推崇朱熹易学，认为《周易本义》《易学启蒙》两书传递出《周易》经传的原初旨意，故而在此基础上加以疏解，使更多的人了解、认同朱熹易学。他注意采集易学史上各种易学文献、传承脉络、主要观点，并与朱熹易学相对照，来证明朱熹是孔子之后数百年里对易学理解最深刻、准确的学者。在正本清源的同时，胡一桂对不同于或违背了朱熹观点的易学主张都持贬斥态度，一定程度上纠正了当时对朱熹思想的篡改、误解，使朱子学发扬光大，但终究不能脱离朱熹学术的笼罩，形成自己独特的学术面向。胡氏父子的易学影响到董真卿、胡炳文等学者，并在明代成为易学的官方学问，故而影响颇为显著。

（四）保巴易学

保巴（？—1311），字公孟，元代蒙古族学者。保巴曾担任元代朝廷要职，入职东宫辅助太子，讲解易学之道。他年少好学，精研《周易》，著有《易源奥义》《周易原旨》《周易尚占》等多种易学著作。

保巴易学在元代学者中具有突出的特色。他不是从朱熹易学出发，而是兼收并蓄，从《周易》

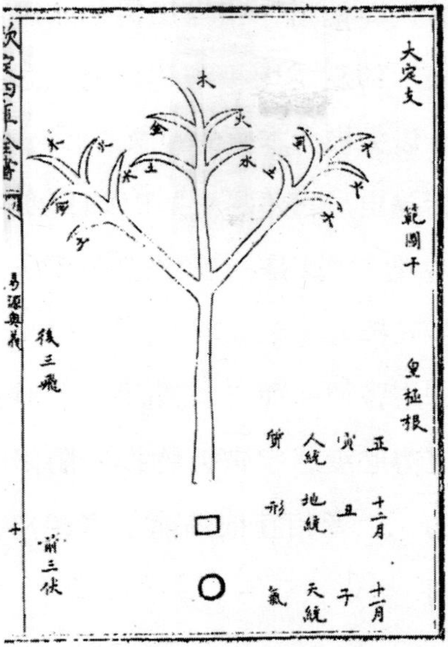

《易源奥义》四库本书影

经传、王弼到宋儒易学都被他纳入自己的范围。保巴易学自成一派，有若干自我发明的理论：

第一，自创“先天图式”。他以“树”为喻表示宇宙演化形式，广泛吸取气、形、质等哲学范畴以及金、木、水、火、土五行观念，认为河图为先天图，先天即太极，相当于树根；八卦图为中天图，中天即人道，相当于树干；洛书图为后天图，后天即地道，相当于树枝。因此从树干到树枝，表示的就是太极演化万物的过程。这种思想来源于以太极为本原的观念。

第二，提出“言不尽意”“以心会心”（《周易原旨》卷七）。这是在王弼“言不尽意”命题上的进一步发挥。

第三，主张“一而二，二而一”。保巴认为物极必反，道穷必变，宇宙万物按照阴阳学说都是一分为二的，二者相互依赖而不可相离，处于一个整体之内。

除了上述元代易学家外，还有陈栎、赵采、王申子、张理、熊良辅、黄泽、赵汸、陈应润、钱义方、杜道坚等人，但大多以朱熹为宗，或以程颐、朱熹二人易学为依归，理论上多不能突破宋代理学体系，形成独到见解。不过，元代存在时间相对较短，文化思想尚未得以充分展开，因而学术研究不免被波及，难以与宋代相提并论。不过，元代易学很好地坚持了朱熹理学传统，一方面对元代蒙古族统治下的文化具有建设性作用，一方面保持了较高的思想高度，创新不及而守成尚可，成为明代易学发展的重要根基。

二、明代程朱易学

明朝沿袭元代的科举考试制度，并明确以朱熹所定“四书”为考试内容，朱熹理学的官方地位得到进一步巩固。在易学研究上，很多学者仍然推崇程颐、朱熹易学，并以此为基础进行深入注释、评析、整理，成为一支重要的研究力量。代表人物有胡广、蔡清、来知德等学者。

（一）胡广与《周易大全》

胡广（1370—1418），字光大，明代吉水（今江西吉水）人。明代建文二年（1400）庚辰科状元，官至文渊阁大学士。胡广对经学有较深的造诣，学问推崇宋代程朱理学，曾奉皇帝旨意编修了《五经四书性理大全》，其中《周易大全》二十四卷。

胡　广

《周易大全》的编修目的主要是作为科举考试用书，所谓大全就是选取了胡一桂《周易本义附录纂疏》、胡炳文《周易本义通释》、董楷《周易传义附录》与董真卿《周易会通》等书的内容，进行适当编排，融合朱熹原注与后人注释为一体，故而称之为“大全”。其标准当然是选取在学问上笃守朱熹易学且注释严谨、体例完备的易说，故而《周易大全》能够成为形式统一、思想一致的易学参考文献，有利于考生使用。这无疑是以官方之政治权威，对学术研究产生导向作用，同时也造成明代学者的易学多苑囿在朱熹理学的体系之内。

（二）蔡清易学

蔡清（1453—1508），字介夫，明晋江（今福建泉州）人。他一生勤于治学，以读书求道为一贯之追求，为官之余还积极从事讲学活动，在当时产生极为广泛的社会影响。

蔡清著述甚多，易学著作有《易经蒙引》《太极图说》《河洛私见》等，后世编有《蔡中郎文集》。其易学最大的特点是受到朱熹易学的重大影响，《易经蒙引》即为推究朱熹注疏的本意，以此为基础阐述《周易》的义理，是明代义理易学的代表作。在解说的同时，蔡清也提出了一些自己的易学意见。他认为最高深的易是天地之易，

欽定四庫全書　　經部一

易經蒙引　　易類

提要

臣等謹案易經蒙引十二卷明蔡清撰清字

介夫號虛齋晉江人成化甲辰進士官至南

京國子監祭酒事蹟具明史儒林傳是書專

以發明朱子本義為主故其體例以本義與

經文並書但於本義每條之首加一圈以示

欽定四庫全書　易經蒙引

《易经蒙引》清文渊阁四库本书影

我们看到的《周易》是圣人据天地之易模写而成的，这便是蔡清的“模写说”。

蔡清重视《系辞》“辞、变、象、占”四大概念，认为是通往易理之路的重要途径。这也是朱熹所强调的，但蔡清尤其重视象，把卦爻象置于第一位，提出“易法象”的观念。朱熹易学不废象数、河图与先天学说，蔡清则进一步肯定河图、洛书的价值，把河图视为易之宗祖，并积极演绎河图、洛书的数字排列形式、关系。建立先天学与后天学之间的有机联系，又是蔡清易学的一项重要内容，此举也是要解决朱熹之后先天、后天的争论。蔡清指出，只有先天对待之体形成、发生之后，方能使得后天流行得以展开；前者是后者的基础、前提，后者是前者的内在延续与外部展现。

此外，蔡清还对太极等易学范畴有自己的丰富理解，这些都不仅仅是对朱熹易学的原貌展现，而具有了更多的个人发挥。蔡清之所以被推为明代朱子学第一人，在于他坚守了朱熹学术的基本立场与思想内容，并能够结合学术史上产生的争论与时代提出的问题予以创造性的回答。由此，他从一般的易学注疏家中脱颖而出。

蔡清门徒很多，于易学颇有研究的是陈琛。陈琛，字思献，明晋江（今福建泉州）人。他著有《易经通典》，治《易》风格与其老师蔡清大体一致，从训诂方法入手，以义理阐发为主。

（三）来知德易学

来知德（1525—1604），字矣鲜，明梁山（今重庆梁平）人。他主张为学应以致知为根本，独好《周易》，曾有诗言“风月快活成一片，应与乾坤同不朽”（《快活庵吟》），有易学著作《读易窮言》《周易集注》等。

来知德

来知德不满朱熹《周易》之象难以理会的看法，提出了卦情之象、卦画之象、大象之象、中爻之象、错卦之象、综卦之象、爻变之象、占中之象等八类易象，认为易象中蕴寓了天地之间的深刻道理，不研究明白易象，就读不懂《周易》。

来知德根据《系辞》中“错综其数”之说，讨论《周易》取象，提出“错综说”。“错”即阴阳相对，“综”是上下颠倒，易象也寓于错综之中。其论卦有四正错和四隅综。有的卦以正综隅，有的卦以隅综正。其论象皆先释象义、字义及错综义，然后训本卦、本爻正义。

为了更清晰表达自己的意思，来知德还制作了《伏羲文王错综图》《八卦所属自相错图》《六爻变自相错图》《八卦次序自相综图》《易学六十四卦启蒙》等，并自信地说：“四圣千古不传之秘，尽泄于此。”（《周易集注·易学六十四卦启蒙说》）

来知德易学在当时被学者推崇为绝学，其易

学被称为“来氏易”，足见其对当时易学的巨大影响。

明代对程朱易学研究发明的人有很多，如刘定之、王恕、罗伦、何孟春、崔诜、吕楠等等，但就成就和影响来说，胡广、蔡清、来知德是比较知名的学者。他们共同的特点是能很好地延续朱熹易学传统。胡广的贡献是继承了朱熹易学自元代以来的研究成果，巩固了朱熹易学作为官方学术的权威地位。蔡清则主要在义理上对朱熹易学有所丰富，是当时较为突出的学者。来知德对朱熹易学有所改造，志在创造一种更完善的象数方法解决朱熹留下的问题，故而发明尤多。

三、明代心学易

心学是明代哲学、思想的一大成果，虽然启端可上溯至南宋陆九渊或更早，但其体系的最终完成，以及对思想、历史、文化影响之深度，非明代阳明学莫属。这一学派的出现有其自身特殊的历史背景，在文化思想上延续了陆九渊对朱熹理学的反思，更彻底、深刻、系统地对明代官方程朱理学的弊端予以补救。易学研究上，有代表性的学者是湛若水、王阳明、王畿等人。

（一）湛若水易学

湛若水（1466—1560），字元明，号甘泉，明代增城（今广东增城）人。湛若水师从著名儒学家陈献章，提出“随处体认天理”的思想，认为人心可以会通、体察万物而无所遗失，所谓内外之别也是不存在的，天理、人心本为一体，故而行为动静要敬敏格物，保持心性、天理之统一。

湛若水把太极解释为元气，元气构成天地，人在元气之中，而心在人体之中，故而心居于中正之位。由此他认为易学本旨在于穷究“身心之易”，“由身心之易以穷天地人物之易”（《修复古易经传训测序》）。

湛若水的易学著作是《修复古易经传训测》，

湛若水

其用意在于通过测度明通《易传》，并通过《易传》达到解释《周易》古经的目的。

唐枢（1497—1574），字惟中，明代归安（今浙江湖州）人。早年曾追随湛若水学习，对老师"随处体认天理"之说十分信服。后来受到王阳明极大触动，提出"真心"思想，主张"心"能通天地万物、历史古今，但必须通过学问思辨的践行之路才能回复到"真心"状态。

湛若水的另一个学生吕怀著有《周易卦变图

传》，意在以卦变之学研治《周易》，思想上想调和朱熹、湛若水、王阳明的差异。

湛若水师徒之易学，均能秉持湛若水的心学观念，但于易学研究则未全面、精深，思想理论尚难精细，易学方法考究不专，停留在图书、象数基本的认知基础上，创见甚少。这是明代心学派之易学研究处于理论过渡转型期的表现。

（二）王阳明的易学观念

王阳明（1472—1528），字伯安，人称阳明先生，明代绍兴余姚（今浙江余姚）人。他是明代最重要的思想家，提出学问目标在于成为圣贤之人，主张知行合一、致良知，晚年有著名的四句教：

> 无善无恶心之体，有善有恶意之动，知善知恶是良知，为善去恶是格物。

王阳明既是心学的集大成者，也是一位在学问思想、教育及实践方面功勋卓著的伟大人物。阳明没有专门的易学著作，但他的成就却不是著

王阳明

作能够予以衡量的，而在于其思想的高度与深度。阳明有一些易学文章和议论，透显着与其哲学思想一样精妙的智慧。

王阳明认为《周易》玄妙，易道难测，却不外乎本心之发显流行；天理即是人之良知，二者本无差别，而良知即易，处于变动不居之状态，故而需要唯变所适，从根本上理解心之本体，体用合一，把握心性意动之变化。而易学体贴天心，乃是天人合一之学，因为包括《周易》在内的六经所言都是人心恒常的道理，所谓阴阳消息乃人心运动时行之特点，所以要尊崇《周易》，发明易道求得本心，尽发本性。

（三）王畿易学

王畿（1498—1583）字汝中，明代山阴（今浙江绍兴）人。王畿和王阳明是同乡，性格落拓不羁，恃才傲物。王阳明认为他是可造之才，采用多种办法将他纳入门下，教授心学。

易学是王畿心学思想发挥的重要方面，既体现他承传王阳明心学理念的师学渊源，又充分展现了王畿思想活跃、敢于揭立新说的性格特点。其易学著作有《大象义述》，另有易学知见分散于《龙溪全集》之中。其思想表现在以下几点：

第一，“太极即心极”。王畿赞同王阳明发挥良知之教的思想，认为良知即体即用，是心之本

王　畿

然、人之根本，即为人心之极；而人是天地之心、阴阳五行之秀和万物的主宰，人心之极便在某种程度上可以与作为天地大化之核心的太极相与相通，故而可以说“太极即良知”“太极即心”。这一命题是心学把良知学说由人的道德行为范畴推及天地万物的秩序之中，显示了良知或心之本原性的意义。

第二，“易，心易也”。程颢曾就《说卦》说，只要穷理，便是全尽其性，达至于命了。穷理、尽性、至命是不可分割的整体，做到其中一件就是整全的实现。王畿继续发挥程颢的思想，认为《周易》的穷理、尽性、至命实际上都统一在人心之下，以良知为根本，因而《周易》的易理无非是心之理，二者在根本上是一致的，即“易，心易也”。

第三，三教归易。王阳明认为佛教从出离生死的角度上强调“无”，道家从养生的立场主张“虚”，但他们都没有在本体上有所发明，指出其不是虚、无的本色。王畿进一步认为《周易》所言“无思”“无为”，表达的是一种心体“寂然不动”的自然状态，即体即用，即寂即感，至虚而实，至无而有，比佛、道脱离生死的“无”“虚”更为究竟、彻底、完满，故而他提出把佛教、道家、儒家的思想都以易道统摄。

王畿把心学思想推广到对《周易》各卦的解释之中。他认为学习、研究《周易》的目的不是为了预知福祸，而在于迁善改过、惩忿窒欲，保持本然之心的本善状态，不受外界环境的袭扰、污染。

除了上述几位心学易的代表人物外，还有如邹德溥《易会》、郝敬《周易正解》《易领》等，都共同体现为体验式的理解，也都在不同程度上持反对程朱易学的立场。明代心学易的发展是明代经学的重要发展路向，极大地拓展了《周易》研究的思想空间，在义理的理解与阐释上更为充实，同时也带有个人思想体验的特色。这一方面是由心学自身思想方法决定的，另一方面须归因于《周易》本身所具有的宽广的理论解读空间。

四、明代其他易学研究

明代易学与以往相比具有多姿多彩的特点，不同易学研究方法、理论都有所发展，出现了比较成熟的心学易体系，象数学也有进一步的划分和演进，而佛教人士的易学研究也渐趋深入。易学成为一种极为重要、开放的文化符号。

（一）智旭与《周易禅解》

智旭（1599—1655），是佛教净土宗第九代祖师，明代吴县（今江苏苏州）人。他一生经历多次信仰的转折，年少时期喜好儒家，极力排斥佛教、道教，而后受到佛教思想的影响，转而皈依佛教。他广泛学习佛教各宗各派的思想、理论著作，提出禅、律、教合一的体系。在此基础上，他还涉猎了儒家、道教与其他宗教派别，力求使当时在社会上占有主要影响的佛、道、儒三家融合一贯，而《周易》正是他实现这一目的的重要桥梁。

智旭的代表性《易》著是《周易禅解》。他认为佛理和易理在根本上是相通的：《周易》的“为道屡迁”是佛无定法，“变动不居，周流六虚”相当于佛教“十法界”之种种变化，“唯变所适”即佛教不执着于某种特定的法。由此，智旭提出了一系列佛、易交融的重要思想：

第一，易即佛性真如。智旭以为，易道“无

智　旭

体”，寂然不动而又变动不居，所以寂然清净，无形相可以把捉，如同佛家的清净无染的“真如心”，而真如即佛性，所以易即佛性真如。

第二，缘、易交融。佛教典籍《大乘起信论》中“随缘不变，不变随缘”，表达了一种变与不变、生与灭、瞬间与永恒的时间辩证思想。同样，《周易》中关于变易与不易的关系在智旭看来，说的是可上可下、可内可外的交易和能动能静、能刚能柔的变易，而所谓交易与变易也是互相涵摄之“不易而易，易而不易”的关系。

第三，一爻兼摄一切法。智旭也曾试图对《周易》卦爻进一步解释。这种解释也建立在他独到的佛、易融合的观念之上，从佛教“理事无碍”“事事无碍”的层面上推及易学，认为每一爻都兼摄其他三百八十三爻之意蕴，甚至可以说每一爻都包含一切事物、思想之内涵。基于此，智旭对《周易》文本的解释充分张扬了个人智慧，在佛学易方面有着极高的成就。

智旭是明代宗教融合思潮的杰出代表，虽然各派基本上都是在自己理论立场上吞噬其他理论，但在此过程中，智旭不断寻求不同理论的共同点，弥合门派、宗派之缝隙，故而易于产生具有新鲜生命活力的思想观点，极具启发意义。

（二）黄道周易学

黄道周（1585—1646），字幼玄，号石斋，明朝福建漳浦铜山（现东山县铜陵镇）人。他博学多识，贯通古今，尤其以善易著称，初年著《畴象》和《易本象》，中年著《三易洞玑》，晚年著

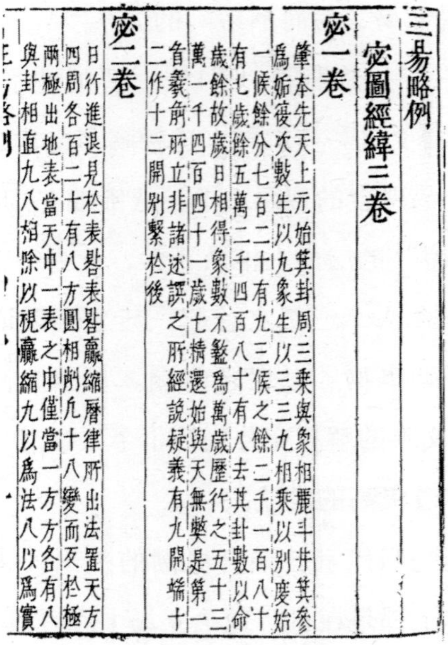
三易略例

宓圖經緯三卷

宓一卷

肇本先天上元始箕卦周三乘與象相麗斗井箕參
爲姤復次數生以九象生以三三九相乘以別度始
一候餘分七百二十有九三候之餘二千一百八十
有七歲餘五萬二千四百八十有八去其卦數以命
歲餘故歲日相得象數不盭爲萬歲曆行之五十三
萬一千四百四十一歲七精還始與天無斁是第一
旨羲甬所立非諸述譔之所經說疑義有九開端十
二作十二開別繫扵後

宓二卷

日行進退見扵表晷表晷贏縮曆律所出法置天方
四周各百二十有八方圓相剬凡十八變而交扵極
兩極出地表當天中一表之中僅當一方方各有八
與卦相直九八相除以視贏縮九以爲法八以爲實

《三易洞玑》明刊本书影

《易象正》。这三个阶段是他一步步站在更高的历史、思想、哲学层面来思考天道、人世的过程。

黄道周作为具有独创精神的易学家，体现在他以《三易洞玑》为代表的宏观知识论解释体系的发明上，也表现在他对《易经》卦爻及其变化的解释。他试图总结前人，提出一以贯之的解释六十四卦爻辞的方法，即“变卦”。在此基础上，他认为六十四卦爻之间对应了中国从春秋到明初两千多年的历史兴衰，可以总结出一种以易学为理据的历史解释学说。黄道周从发表单纯的易学意见，到希图以易道的某种神秘特殊力量、包罗诸学的知识架构挽救江河日下的王朝命运和解决积重难返的社会矛盾问题，具有一种理论创新的勇气和解除社会危机的抱负。

（三）方以智易学

方以智（1611—1671），字密之，明代安庆桐城（今安徽桐城）人。方以智家学渊源极深，学问函雅博古，通变古今，力图融合儒、释、道三家的学问，积极吸纳西方自然科学知识，成为明代末年最博学多识的思想家。方以智著述较多，代表性的易学著述有《周易时论合编》《易余》等。

方以智把《周易》看作儒家六经中最为重要的书，具有统摄其他五经的地位。他指出《周易》是一部揭示世界万物发生、发展、运动变化的原

方以智

因和规律的书；易道统贯事物的现象和本质，反映事物变化的外在形式和内在根源。至于历史上一直争论的关于《周易》是否为卜筮之书的问题，他认为这只不过是借助卜筮的技艺传播易道的手段而已。

方以智在重视义理的同时，注意调和义理与象数之间的关系。他主张象数是义理内涵的外在表现形式，具有一定的规律性，不容一概地抹杀。为此他在整理《周易时论合编》时加入《图象几表》，并且尤其从《周易》“时”的哲学高度对易理进行新的提升。据此，他在对儒释道三家理论的高度整合基础上，提出了三家归《易》的设想，并予以思想理论上的阐发，具有极大的理论创造性。

方以智易学实际上是想弥合儒门朱、王学派的裂隙，统合儒释道三家文化主流力量，为明末文化思想的发展寻找新的突破口。其易学具有深厚的家学背景，可以说是“四世传易”，他的曾祖父方学渐、祖父方大镇、父亲方孔炤都对《周易》有所研究。方孔炤曾经和黄道周一起被皇帝关进大牢，在监狱中仍然坚持讨论易学。方以智的老师、宗亲、子孙中也多有学习、研读《周易》之人，周围生活环境具有浓厚的易学文化氛围。

第七章　清代易学

1644 年，李自成带领农民军攻入明朝都城北京，明朝覆亡。明朝宿敌女真部族，锋镝渐锐。皇太极于 1636 年改国号为大清，于 1644 年收络明朝军队，乘势进入山海关，驱逐农民军，打击明朝遗部，逐步统一中国。至 1911 年民国创立，距清朝立国二百六十七年。

女真部起于辽东，以渔猎为生，崇尚武功，浅于文教。初入内地，黩武穷兵，毁田掠地；剃发易服，侵辱汉俗；弹压人心，慑服百姓。经历顺治、康熙两朝，经济与社会才得以全面复苏、发展。文化则由明清之际的检讨思潮，逐渐向官方文化、制度聚合。而后汉学、宋学兴起，至清末洋务运动开展，清代文化呈现出与此前迥异之态势，易学也概莫能外。

清代易学发展，主要脉络为三：（一）以清初学术检讨为特点，如王夫之、黄宗羲、毛奇龄和胡渭等人；（二）表现为官方易学，如《周易折中》《日讲易经解义》《周易述义》《周易通论》等书的出现；（三）呈现汉学、宋学并举之学术潮流，包含易学在内的经学家燦若星汉，大师云集，如惠栋、张惠言、焦循等人。此外，清末国事衰颓，传统学术中引入外来洋学，易学也显露阐新图变的新趋势。总体而言，清代易学之著作数量巨大，远逾明代，对易学象数、义理、图书学、考据、训诂等诸多方面探赜索隐，辨析入微，超过前人，达到中国古代易学研究的巅峰。

一、清初易学之检讨

（一）王夫之易学

王夫之（1619—1692），字而农，人称船山先生，湖南衡阳人。他与顾炎武、黄宗羲三人是明末清初成就厥伟的三大儒者。王夫之身逢乱世，亲历动荡不安的社会政治变迁，坚持气节不事清朝，终生隐居山野，发奋著述，对当时社会、文化、思想问题进行极为深刻的思考。他从学术思想上批评了程朱理学、陆王心学及其对社会思想的影响，从历史发展的高度总结了宋至明代政治兴亡的教训，最终成为超越时代的大儒，以其兼综恢宏的思想体系与精专庞大的著作被誉为“后朱子一人”。

王夫之易学著作有《周易稗疏》《周易考异》《周易外传》《周易大象解》《周易内传》《周易内

王夫之

传发例》等。他服膺《易》理，以《系辞》为静处安身之至道，对《易》之大道揣摩于心，旦夕不忘。王夫之在易学方面的主要观点如下：

第一，研究易学以《乾》《坤》并建为宗旨，认为乾坤作为天地的象征，以德立名，无先无后；对卦象提出“错综合一”，把卦爻及其错卦、综卦等卦象做整体的理解，将易象、易数、易理紧密联系在一起。《周易》形成的历史在王夫之看来也是统一的，伏羲、文王、周公、孔子四人在创《易》、解《易》上是同揆一致的，不能像朱熹那样区分对待。他进而批评京房、陈抟以及江湖术士的图书学理论。其“占学一理”的思想，则强调占卜和学易统一，二者不可偏废，反对朱熹“《易》本卜筮之书”的观点。

第二，认为阴阳二气充满于太虚之间，太虚不“虚”，而是实有的。即便是形而上的道也不能脱离器而存在，有形而下，方有形而上，所以“天下惟器”，并且世间变化都是器的形态转化，而非器之有生灭、增减、损益、始终。由此，他批驳佛教认为山河大地为虚幻、道教以无为本的“崇无”思想。

第三，天地都是自然实存的“器”。人在世间的地位在王夫之看来，是“人者天地之心”。他强调人对于天地来说是“大成者”，天地是自然的，而人是天地的主持者，圣人也是人，只要能够返回本原，体察天地生生之理即为“全人”。人性虽然禀赋了天地之善性，但要通过穷理尽性才能在

“日生日成”的变化过程中得到不断发明、扩充，以臻至善。

第四，“变”是《周易》的本旨。王夫之认为变有两种方式，一为“非骤然而遽成，必以渐为推移”（《周易内传》卷三）的渐变，一为没有典要可循之“随时以致其美善”。易道和世间的最大特点就是流动变通，日新而富有。由此，他深刻总结明朝灭亡、政治得失的问题所在，强调重视变化之道，尤要奉行《周易》“忧患”之道，以警戒统治者励精图治，实行德政。

总体而言，王夫之易学含有明朝灭亡的沉重主题，在理论上富于哲理和批判特征，强调经世致用、学用一体。其易学思想内涵突出，不愧为义理易学的宗师，在易学史上占有重要地位。

（二）黄宗羲、黄宗炎易学

黄宗羲（1610—1695），浙江绍兴府余姚县（今浙江余姚）人，字太冲，号南雷，人称梨洲先生。宗羲读书勤奋，师从明末著名思想家刘宗周，与其弟黄宗炎、黄宗会并称“浙东三黄”，有

“中国思想启蒙之父”的赞誉。其易学著作为《易学象数论》。

黄宗羲兼采朱熹、王阳明之学，主张经学和史学结合以经世致用。在易学上，他系统考证、辨析了从汉代到明代的一些象数学著作与观点，搜其原本，抉其讹谬，遍及诸家。其主要特点有两个方面：第一，他重视义理而批评象数，认为王弼、孔颖达、程颐等人的易学是“理到语精”，而京房、李鼎祚、陈抟乃至朱熹的易说都偏离了易学的正路，应该加以批判。对于历史上的图书易学，黄宗羲也力图矫正，特别反对拘泥于所谓沿河图溯洛书解释经典的做法。在辨明易学史上似是而非现象的同时，黄宗羲还针对社会上流传的、明显有悖于《周易》的其他论调，订讹纠谬，具有极强的理论验证和现实批判特色。第二，黄宗羲主张“观象明理”，认为《周易》有八卦之象、六画之象、象形之象、爻位之象、反对之象、方位之象、互体之象等七象，应该把卦象与卦、爻辞结合起来阐明义理。按照他的思想，天地、

黄宗羲

古今无非都是一气，阴阳二气是宇宙万物的本原，太极则是依气而立、阴阳未分的状态，是以太极与阴阳无先无后，并联共生。

黄宗羲易学的最大影响，在于其对图书、象数之批判，引发了黄宗炎、毛奇龄、胡渭等人对宋代图书学的批评风潮。

黄宗炎（1616—1686），字晦木，人称鹧鸪先生，著有《周易象辞》《寻门余论》《图学辨惑》。

黄宗炎坚持易学义理之道，主张回到六经和孔子原本的思想之上，极力反对象数、图书易学，借此批评朱熹等宋儒之学，同时对佛教、道教也一并排斥。宗炎易学的最大特点，乃是根据汉代许慎《说文解字》来解释经文，虽然有所不足，但其追究语源、语义、语用的意识，无疑是别具一格的。

（三）毛奇龄、胡渭易学

毛奇龄（1623—1716），字大可，号秋晴，人称西河先生，萧山城厢镇（今浙江萧山）人。奇龄早慧，有“神童”之称，学识渊博而又生性倔强，挟博纵辩，而多有创见。易学著作有《仲氏易》《推易始末》《春秋占筮书》《易小帖》《易韵》《河图洛书原舛编》《太极图说遗议》等多种。

毛奇龄易学特点在于重视考订辨伪，观点标新立异，常有不同之论。其首重之学，在于系统地考辨图书、先天太极之说。其学带有鲜明的反道学态度，认为汉代马融、郑玄等易学之后的王

毛奇龄

弼乃至宋代易学，都牵强不通、周章难明。经过历史考辨之后，他指出河图洛书乃是陈抟曲解郑玄“大衍”之说并加以伪造、附会太乙九宫说而来；而宋代的《先天图》《太极图》都是从道家、道教杜撰所得。以此把矛头指向朱熹乃至整个程朱理学，否定程朱之学的正统性。

胡渭（1633—1713），字朏明，浙江德清人。自幼勤学苦读，手不释卷，而后多次参与修书，

胡　渭

得以遍览天下郡国之书。其易学著作《易图明辨》是一部综合前人观点详细推究图书易学内容、源流、真伪之书。胡渭认为宋代的河图、洛书及其演绎出来的说法基本上都是出于揣测，《易传》中的“河图”“洛书”只是一种祥瑞之物，不能作为解读《周易》的根据。基于此，他对宋代陈抟、邵雍、朱熹的象数、图书学说予以痛斥，并强调《周易》古经固然是一部卜筮之书，但这不过是其早期的一种功能，经过文王、孔子之后，它更是一部阐述立人之道、仁义主旨的书。故而正确的做法是杜绝图书学，像程颐那样专门从义理去解读《周易》。

清前期以黄宗炎、毛奇龄、胡渭为代表的学者，大力排斥图书之学，论证陈抟、周敦颐、邵雍、朱熹等人的图书学乃是出自道教的思想理论，而非儒家真传。这是当时思想界反思朱熹理学的一种表现，进一步推动了清前期反思理学、回到经学、推崇实学的思潮。

二、清廷官方易学

清朝顺治皇帝继位，始兴文教，开始“崇儒重道”，以“经术为本”，并举行经筵讲学，邀请学者为自己讲解儒家经典。1657 年顺治皇帝敕令傅以渐、曹本荣编著《易经通注》，由此开启了以官方为主导的易学研究与推行活动，其成果不仅巩固了清朝政治意识思想，也对东亚、东南亚一些国家产生了影响。

（一）《易经通注》

《易经通注》成书于1658年。编订者傅以渐（1609—1665），字于磐，号星岩，今山东聊城人，清朝第一位状元。曹本荣，字欣木，湖北黄冈人，顺治六年进士，改翰林院庶吉士。清顺治皇帝敕命大臣傅以渐、曹本荣，希望他们对明代及以前的易学著述、经义加以整理，编订出删繁就简、折中诸家之论、华而寡要的易学典籍。

傅以渐等《易经通注》的编写者选取了汉魏唐宋元明诸家刻本，采择折中，重点参考了王弼、孔颖达的注疏，尊奉程颐、朱熹易学。在书中，他们强调“天道远而无不可明，人事纷而悉有可据”，探索天地自然、人类社会的微妙之理，以用于修身治国、人伦日用之中。基于其书的官方背景，他们还提出“正天下必先正己”，认为统治者应当以“自昭明德”“恐惧修省”来增进德行，改过迁善。此外，该书还表达了清朝初期文人大臣对当时君臣、君民关系以及社会治理的一些具

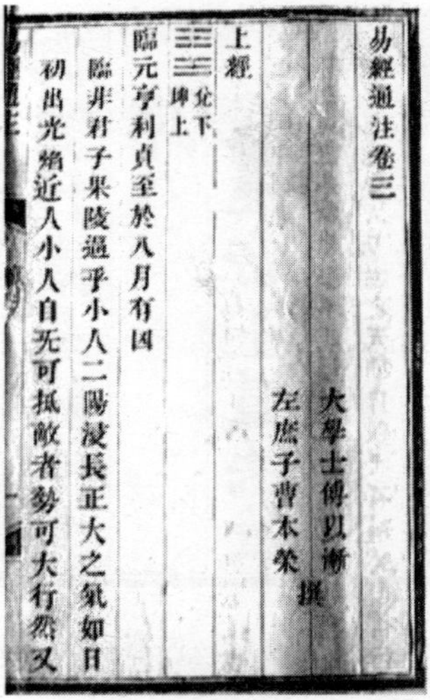
易經通注卷三
大學士傅以漸 撰
左庶子曹本榮
上經
兌下 坤上
臨元亨利貞至於八月有凶
臨卦君子果陵逼乎小人二陽浸長正大之氣如日
初出光焰近人小人自无可抵敵者勢可大行然又

《易经通注》光绪丙戌虽园校刊本书影

体思考。

（二）《日讲易经解义》

清朝康熙皇帝亲政之后，颁谕“文教是先”，系统学习儒学，进一步延续和完善了顺治开始的经筵日讲传统。《日讲易经解义》编撰于1680年，1683年成书。编撰者有牛钮、孙在丰、张英、徐乾学等当时著名大臣和学者，其水平大大超越了之前的《易经通注》。

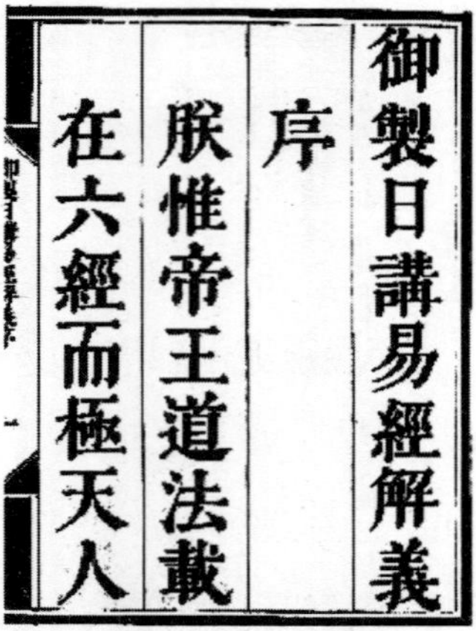
御製日講易經解義
序
朕惟帝王道法載
在六經而極天人

《日讲易经解义》内府刻本书影

康熙皇帝在书中提出“以经学为治法”的主张，认为古代帝王治理国家的要旨必本之于经学，而《周易》在诸经之中极为精微，功用殊胜，是治国安邦的重要典籍。《日讲易经解义》顺应了尊奉理学的官方学说，在编纂过程中重视宋代易学成果，以程颐、朱熹的易学为宗旨。该书认为，《周易》是观天地而作，反映着天地之理，而自然万物之理都统一于太极之道，包含在易理之中；人道也是天道，需效法天道法则；人之本心与天地同一，但须像圣人那样“洗心”“斋戒”，加强实用的修养功夫，并在显扬善性的同时，抑制防范邪伪的情欲，使德性彰显，振民育德，形成良好的社会风气。因此，本书实际上是一部帝王之学的著作，旨在构建一套合理的意识形态理论，为经世致用、文教政治提供思想理论的基础。

（三）李光地与《周易折中》

《周易折中》由康熙御纂，李光地总裁，多人参与修撰。其编纂思路最大特点在于推崇朱熹，同时肯定了程颐和邵雍的易学，所以在编排上将朱熹《周易本义》置于前，而程颐《程氏易传》列于次，然后是其他儒者的易学观点。虽然在一些具体解释上不完全认同程颐、朱熹的看法，但其基本方法是参合程朱二人，研核折中，尽量找到最佳解释方案。

然而，《周易折中》成书于清朝政府以程朱理学为治国思想的背景之下，在王权主导下的编写者不免掣肘于权力，格局形式难以打开；并且其为治下之臣的集体创作，更加难以有思想上的新见解。所以，本书的特点不在于对前贤易学经义

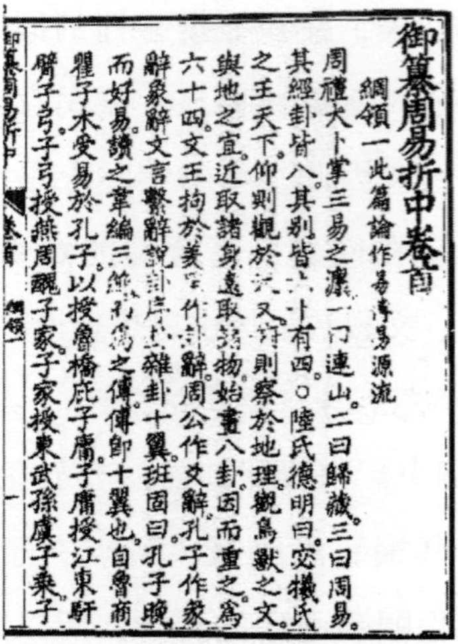
御纂周易折中卷首
綱領一 此篇論作易傳易源流
周禮大卜掌三易之灋。一曰連山。二曰歸藏。三曰周易。
其經卦皆八。其別皆六十有四。○陸氏德明曰。宓犧氏
之王天下。仰則觀於天文。俯則察於地理。觀鳥獸之文。
與地之宜。近取諸身。遠取諸物。始畫八卦。因而重之。爲
六十四。文王拘於羑里。作卦辭。周公作爻辭。孔子作彖
辭象辭文言繫辭說卦序卦雜卦十翼。班固曰。孔子晚
而好易。讀之韋編三絕。而爲之傳。傳即十翼也。自魯商
瞿子木受易於孔子。以授魯橋庇子庸。子庸授江東馯
臂子弓。子弓授燕周醜子家。子家授東武孫虞子乘。子
御纂周易折中 卷首 綱領一 一

《周易折中》内府刻本书影

的发挥，而在于成其为政治易学之范例，即在解释《周易》卦爻辞、经传的时候，往往和国家治理、政治运行联系在一起阐发议论。例如，从易学“尊阳抑阴”出发强调政治阶层和家庭伦理中的尊卑、上下关系；从鼎卦讨论当时治理如何保持社会繁荣兴盛和政治的稳固；从需卦言百姓休养生息的重要性，强调治理国家要知民之休戚、事之利弊，为政必先问清周察，而后申命施行。

《周易折中》总裁李光地（1642—1718），字晋卿，号厚庵，别号榕村，福建泉州安溪人。他也是一位易学家，著有《周易通论》《周易观象》和其他论易文章。他的易学平正通达，专主义理，略于象数，往往沿袭宋儒，以“素学有本，易理精详”（《周易折中》康熙序），受到康熙皇帝的信赖。

三、乾嘉时期易学

乾隆、嘉庆两朝，学术界兴起了一股推崇汉代学术与方法的潮流，即后来所说的“汉学”。他们治学重视文字、音韵、校勘、笺释等，由训诂而明义理是这些汉学家们的共同理念。与之相对的一派，是重在阐扬义理、解释《周易》内在意蕴的“宋学”，其学者大致推崇宋代程朱易学。到了清代中后期，汉学、宋学趋向合流，成为很多学者兼采的治学方法。

（一）惠栋易学

惠栋（1697—1758），字定宇，号松崖，人称小红豆先生，江苏元和（今江苏苏州）人。惠栋自幼得到良好的家学熏陶，雅爱典籍，覃精经史，佛道兼涉。他勤于著述，而易学最为突出，撰有《周易述》《易汉学》《周易古义》《周易本义辨证》《新本郑氏周易》等多种著作。

惠栋之易学，成果卓著、思想深刻。他从文字、训诂、辨伪、经学文本的角度，批评宋代经学义理的发挥缺乏足够的文本依据，视其为游谈无根，指出图书学实际上就是宋代儒者自己生造出来的。惠氏从而推崇汉代学术的研究方法，以小学研究经学，从文字、音韵、训诂的角度解读《周易》经传，在对汉代象数易学有充分把握的基础上提出了较为完整的解释体系。虽承认《周易》是一部占筮之书，但他更强调《周易》是一部赞天地之化育的书，认为“元亨利贞”高度概括了易道精神，是《周易》的纲领性思想。惠栋经学

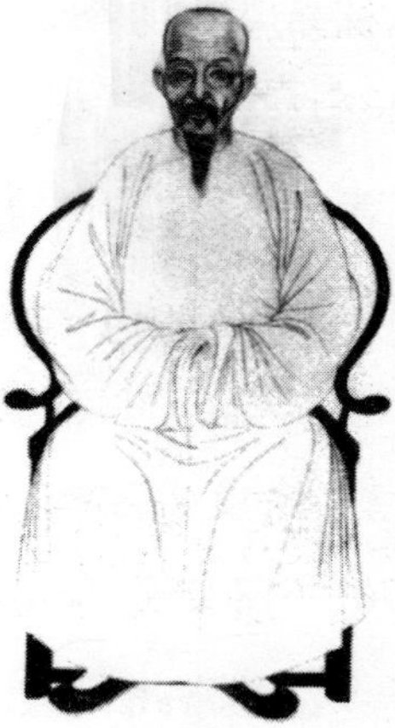

惠 栋

的另一特色是他的学问极为精深广博，在解读《周易》时大都考据古代注疏并予以疏通说明，甄选、引证了大量经史子集材料，吸收了天文、历法、律吕、文物制度等多方面的知识，以图建立“法天化民”之学。

惠栋学术处在清初学术方法、思想、旨趣成熟和定型阶段，是以对清代学者影响尤大。很多学者的经学研究都建立在惠栋的基础之上，故而惠栋及其学问的追随者被称为“吴派”，他是这一学派的宗师。惠栋易学有一个重要来源，即他的祖父、父亲。祖父惠周惕，字元龙，人称红豆老人，精研易学，著有《易传》二卷；父亲惠士奇，字天牧，人称红豆先生，好读书，能诗文，著有《易说》六卷。

（二）张惠言、朱骏声易学

张惠言（1761—1802），字皋文，一作皋闻，号茗柯，武进（今江苏常州）人。张惠言年少时学习勤苦，摒弃他务，专心攻读。除了经学成就，他还善于写词，为常州词派开山之人。易学著作有《周易虞氏义》《周易虞氏消息》《虞氏易事》《虞氏易礼》《虞氏易候》《易义别录》《周易郑荀义》《周易荀氏九家易》《易图条辨》《易纬略义》等。

从张氏易学著作，可知其易学特重对汉代虞翻易学的阐发研究。他认为从惠栋开始考证古义，学者多阐扬汉代孟喜、京房、荀爽、郑玄之学，但对较完备的虞翻易学未能尽通，故而倾力钻研。他围绕虞氏易学中最大的特色——“易象”，进行

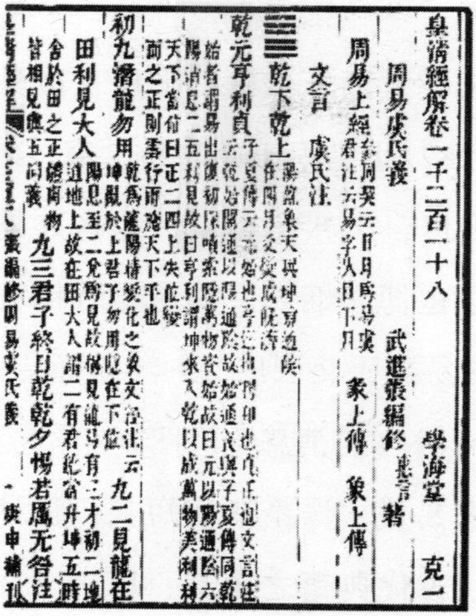

皇清經解卷一千二百一十八　學海堂　克一

周易虞氏義　武進張編修惠言著

周易上經　彖上傳　象上傳

文言　虞氏注

乾下乾上

乾元亨利貞

初九潛龍勿用　九二見龍在

田利見大人　九三君子終日乾乾夕惕若厲无咎

《周易虞氏义》皇清经解本书影

考辨与发挥，一方面纠正宋代王应麟、清代惠栋等人的偏失误解，一方面深入探究虞翻“推象应事”理论，详细梳理了旁通、卦气、升降、飞伏、纳甲、五行、互体等虞氏解《易》体例。他认为易象不仅是解《易》的方法，易象表现的吉凶休咎反映着人事之得失，与现实生活紧密相关。他赞同黄宗羲、毛奇龄、胡渭等人的看法，批评邵雍易学来源于道家、道教，使《周易》大义晦而不显。

汉学易学方面，惠栋、张惠言以外，朱骏声（1788—1858）也是很出色的易学家。朱骏声，字丰芑，号允倩，江苏元和人。他本人是文字学大家，对经学也博学娴熟。其易学著作有《六十四卦经解》《易郑氏爻辰广义》《易经传互卦卮言》《易章句异同》《易消息升降图》《学易札记》等，能综核各家易说，详论诸家短长；训诂文辞必穷其源，广引古代典籍之蕴义、历史，并与社会人事相发明。

（三）胡煦与《周易函书》

胡煦（1655—1736），字沧晓，号紫弦，河南光山人。他博览嗜学，善诗、古文辞，经义淹通，尤善易学。著有《周易函书约存》《周易函书约注》《周易函书别集》《易学须知》《卜法详考》等。

胡煦认为六经都是孔子所定，其余经籍都支离庞杂，故而易学也要折中于孔子。由此，他批评对易道彰显有碍的三个做法：一是为科举求功名而学《易》，二是把《周易》作为卜筮之书而不学，三是不尊《周易》本文，擅自发挥。在胡煦眼中，《周易》是传道之书，是圣道大本；《周易》是博文约礼之书，切近人事，囊括天下之道，“子史百家皆《周易》之支流”（《周易函书别集·易学须知》）；《周易》是穷理格物之书，推究太极之理，观变阴阳之义，是对天地万物变化的最好说明；《周易》是天人合一之书，《易》与天地同出一源，人与天是一致、统一的关系；《周易》为言性之书，人性是天理凝定，而蔽于人欲习行，故需防邪存诚；《周易》还是参赞化育之书，包含范围曲成、裁成辅相等诸多玄妙旨趣，对人认识世界具有全面的指导作用。

总之，胡煦认为《周易》是一部全能至典，故而对其中所存在的历史、义理、文辞、用途等皆加以深究，超越汉学专事考辨和宋学重在说理的不足，在整个经学的视野下，对易理进行独具慧眼的诠释。

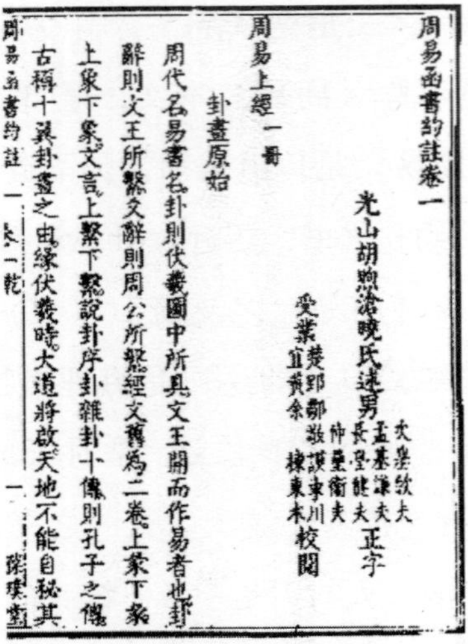
周易函書約註卷一

光山胡煦滄曉氏述 男 季堂欽夫 孟基謙夫 長塋能夫 仲塋衛夫 正字

受業 楚郢鄒璈謨東川 宜黃余棟東木 校閱

周易上經一冊

卦畫原始

周代名易書名卦則伏羲圖中所具文王開而作易者也卦辭則文王所繫爻辭則周公所繫經文舊爲二卷上彖下彖上象下象文言上繫下繫說卦序卦雜卦十傳則孔子之傳古稱十翼卦畫之由緣伏羲時大道將啟天地不能自秘其

周易函書約註 卷一 乾 一 葆璞堂

《周易函书约注》葆璞堂本书影

（四）焦循易学

焦循（1763—1820），字理堂，江苏甘泉（今江苏邗江）人。他出生于书香世家，家族有浓郁的易学研究氛围，从小对儒家经典、诸子著述皆有涉猎，打下良好的学问根基。由于屡次科举失意，焦循转向学术研究，潜心学问，专事著述，在经学、史学、文学、算术、小学、天文历律、医学等领域皆有很高成就。焦氏撰写了《雕菰楼

焦　循

易学三书》（《易章句》《易图略》《易通释》）、《易话》、《易广记》、《周易补疏》、《注易日记》等多部易学著作，具有兼顾各派、自成体系的特点。其易著也是其经学研究成就最为显著的代表。

焦循易学的特点主要表现在以下数端：

第一，“假卜筮而行教”。焦循认为《周易》的创生和流传离不开其卜筮的功能，卜筮正是古代圣人教化百姓的方法。由此他提出“元、亨、利、贞、吉、凶、悔、吝、厉、孚、无咎”的

“十二言易教”，劝人学《易》，在于去利欲，怀仁义，迁善改过。

第二，奉行旁通、相错、时行三条原则。焦循认为这三者都出自《易传》，乃是孔子之言：所谓“旁通”实际上是焦循对汉代虞翻等人的方法予以补充改造，要求旁通之卦阴阳相对，刚柔互易，循次而行，各正其位；所谓“相错”，是对《周易》六十四卦逻辑结构与相互关系的一个解释，焦循认为六十四卦是由八卦两两错位而成，也可以由此参伍错综、纵横求之以通《周易》文辞；所谓“时行”，焦循认为能变通即为时行，时行就是坚持元亨利贞，把六十四卦看成一个整体，在系统观念下解释具体文辞富含的易理。

第三，焦循广泛引用数学、天文、历法、文字学、音韵学等用于解释《周易》，还运用了来自西方的自然科学知识，在易学研究上具有开创性。

焦循易学涉及面广，已经不能用汉学易、宋学易来评定，就其易学表现出的独创性、丰富性而言，可谓自铸伟辞，成一家之学说。